これ1冊で
もめない　損しない

相続・事業承継

なぜ、おばちゃん社長は連続的に勃発する
地獄のような事件から生き残れたのか？

株式会社インプルーブメンツ
代表取締役社長
平 美都江

監修　弁護士　長原 悟

ダイヤモンド社

はじめに

相続・事業承継対策の先送りに警告

大事件に発展、その地獄のような体験からの生き残り法

忍耐の日々は長くても地道な対策はある

誰もが年を取り、誰もが死にます。例外はありません。立志伝中の人である父も年を取り、病気になり、亡くなりました。

しかし、誰もが加齢について、ましてや自分の死については考えたくもありません。「まだ早い」、「まだ大丈夫」と思っています。

父は、自身の死生観により、自分の亡き後のことを、まったく、語ってはくれませんでした。

ですが、その日は来るのです、本人（被相続人）にも、親族（相続人）にも。

私の経験とその対策をお話しすると、多くの方々から、異口同音に、「一人でそんな多くの相続・事業承継を経験した人はいないのでは?」と驚かれ、そして、「これほど実体験に基づく税金・法律の話は聞いたことがない、すごく参考になる」とも言われました。

それがこの本を書こうと思った動機です。

たとえば、私の引退時、父が創業した会社の全株式を上場会社に売却したときは、譲渡税・分離課税で、20％を納めました。

一方、父の引退時、父の全株式を会社が買い上げたとき、父はみなし配当税・総合課税で55％を納めなければなりませんでした。

どちらも売却額が約１００億円だとすると、実際に手にした額は35億円もの差がついてしまいます。

あらかじめ「相続」の準備をしておけば、高額かつ不必要な税金を納めなくて済み、後悔することはありません。このような事例を、本書では書いていきます。できるならば最初から最後まで、あるいは、必要な章からでもお読みいただければ幸いです。

圧倒的な権力を持っている創業者、会長、社長、オーナーなどの被相続人が、相続・事業承継から「まだ、早い」と、目を背けていることに、その相続人たちは心穏やかではいられません。

私もその一人でした。実際、事前の心配をはるかに超える想定外の出来事が次々と起こりました。

その事件を起こしたのは、私の父（被相続人）です。相続・事業承継でよく見られる一般的な例とは異なり、父は目を背けたわけではありませんでした。

自身の人生哲学・死生観のため、家族には理解不能で迷惑な行動を取り、ただでさえ大変な手続きをむしろ〝事件〟と呼べるような事態にまで混乱させてしまいました。

親から一銭のお金ももらわず、一代で100億円を超える財産を築いた男が私の父です。鍛造《たんぞう》業界では今でも同じ製品はできないとさえいわれるほどの画期的な製品を生み出し、世界でも有名な会社にしました。

しかし、私は30代から相続の心配をしていました。

「土地・家屋しかない相続の場合、借金をして相続税を払わなければ家に住めなくなる」

「自社株の相続税を借金で支払うと、経営もできなくなる」

平鍛造がある石川県羽咋《はくい》市のような地方には、40年ほど前には大地主（地代で生活している一族）がいました。そうした一族の相続の噂から、「相続税を納めるのは本当に大変」と感じていたからです。それは強いおそれにも似た感覚でもありました。

しかし、父に相続対策の「そ」の字でも口に出せば、「お前、俺の財産を狙っているのか！　恐ろしいやつだな」と、強欲者のレッテルを貼られるだけだと思い、父のその独裁的な性格もあいまってなす術なしの状態だったのです。

私と同じように、相続の話自体が、触れてはならないこととして封印されている会社・ファミリーは多くあるのではないでしょうか？

私は、次の三つのことを心がけ、実行してきました。この心がけは、父の性格もさることながら、私が37歳のとき、62歳で亡くなった母の相続が大きく影響しています。

①資格取得のために勉強する

・宅地建物取引士／CFP／一級ファイナンシャル・プランニング技能士の資格を取得。いずれも「相続」「事業承継」の科目がある。

②被相続人である父に対しては次のような姿勢で臨む

・相続財産は、被相続人が作ったものであり、被相続人のものであるという厳然たる事実を常に忘れないことを肝に銘じる。

・（被相続人は）なぜ、こんなことを言うのだろうか？　なぜ、こんなことをするのだろうか？　と、被相続人の気持ち、考えを尊重する。

③自分自身を次のように戒める

・自分が生きていくのは自分の稼いだ金で、相続財産はもらわない。

・相続の問題解決のため、どこに着地点を置くのかを常に意識して、短絡的にならずに行動する――忍の一字を心に抱く。

・税理士・弁護士などの専門家に機会があるごとに早めに相談する（勉強すればするほど、相続には専門家の実務経験と最新の税法が必要不可欠であることを実感）。

今、日本の多くの中小企業の経営者が悩んでいるのが、事業承継の問題です。

寝る間も惜しんで働いて会社を立ち上げた創業者、そんな創業者に感謝しつつ、守成に最大限の協力をしてきた二代目、三代目、あるいはそれ以上に家業を受け継ぎ守ってきたのは私たちだという思いがあるはずです。

どんな経営者であっても必ず年を取り、人間の死亡率は１００％です。自分が死ぬことなんて考えたくないなどと言っていると、後に残された者たちには地獄が待っています。

それは、いかに相続税の負担を減らすかという「お金」の問題であると同時に、その後、いかに会社を継続させていくかという「事業承継」の問題です。相続と事業承継は切っても切り離せない課題なのです。

相続の仕方や方法で事業承継が決まると言っても過言ではありません。やり方を間違えれば経営が混乱もします。

私も「相続・事業承継」問題では、一時は、もう立ち上がれないか思うほどの失望と喪失感を抱いた時期もありました。

団塊の世代が後期高齢者の75歳を迎える2025年問題を直前に控え、日本全国に多く存在するであろう「相続・事業承継」問題は、私にとっても他人事ではありません。そこで、今まで話をしてこなかったことも含め、私の経験がお役に立てるよう、次の4要素で構成したのが本書です。

①体験談
②対策
③税理士・弁護士からの考察

④ 私の自戒的教訓

現在の人口減少化、後継者、相続・事業承継の最重要な課題を後回しにして、見て見ぬふり、アンタッチャブルな事柄にしている経営者がなんと多いことでしょうか。地球温暖化・脱炭素などのエネルギー問題、ロシアのウクライナ侵略戦争、中国による台湾危機などの安全保障問題、そして新型コロナ禍、さらに為替の急激な変動――これらの影響が中小企業にも及んでいます。

内外の不安要素に加え、足下で中小企業の存続を危うくさせているのが、経営トップ自身の問題です。

ただでさえ外圧が増え、その対応に追われる後継者に、経営トップの行動によっては、さらに相続で負の遺産を負わせてしまうことにもなるのです。

「今日から行動してください」と力説する本書の内容を後回しにすることは、いかに無責任であることか。そして、その行動とは専門家の助けがなくてはできない大仕事であることを、ご理解いただきたくて本書を書きました。

本書は、２００９年の会社再開後、平鍛造の法人税、私個人の確定申告、相続税、そしてM&Aの申告などすべてをお願いした北陸税理士会の島田二郎税理士、ならびに、父との裁判の提起から、再開後の平鍛造の監査役、さらに私個人の自社株の売却、退職まで力をお貸しいただいた金沢弁護士会の長原悟弁護士にテクニカル・コラムと監修をお願いしました。

また、資料として、贈与のセカンドオピニオンおよび公益財団法人の設立から税務関与をお願いしている山田&パートナーズの書籍『令和3年版 事業承継インデックス』（税理士法人山田&パートナーズ　弁護士法人Y&P法律事務所編　税務研究会出版局 2021年10月）を引用しました。

父、平昭七の幼い頃の様子については『天下無双 平昭七 鍛造屋一代』（細井勝著、時鐘舎 2010年11月）を参考にしました。

財産・会社・事業などを次の世代にどう「相続」していくべきか悩んでいる方、自分が将来「相続人」になるため不安を抱えている方、そして、そのようなことは何も考えていない方――に、ぜひ読んでいただきたいと思います。

皆さまの一助にという思いで、第二の社会人としての自分自身も見つめながら、渾身の勇気を奮って書きました。

自社株の価額計算の難しさ——原則的評価

自社株は、できるなら株価が低いときに「相続」したいところですが、タイミングよく「相続」できるケースは多くありません。

そのために、生前の「贈与」「譲渡」が重要です。責任ある経営者ならば、家族、従業員などの関係者を考慮し、相続時を避けて、次の世代へ引き継ぐべきです。

会社が赤字のときには、「贈与」「譲渡」のチャンスとなります。

しかし、赤字だからといって、思っていたほど相続税は低くはなかった、という事例もあるので、事前に調べるなどの準備をおすすめします。

国税庁のホームページ「No.４６３８　取引相場のない株式の評価」によると、次のようになっています。

《原則的評価方式は、評価する株式を発行した会社を総資産価額、従業員数および取引金額により大会社、中会社または小会社のいずれかに区分して、次のような方法で評価をすることになっています。

①大会社は、原則として、類似業種比準方式により評価します。類似業種比準方式とは、類似業種の株価を基に、評価する会社の一株当たりの「配当金額」、「利益金額」および「純資産価額（簿価）」の三つで比準して評価する方法です。
（ただし、3要素のうち2つ以上がゼロの場合は、純資産価額方式になる）
②小会社は、原則として、純資産価額方式によって評価します。
③中会社は、大会社と小会社の評価方法を併用して評価します。》

自分の会社がどれに当たり、どう評価額計算するのかを、経験豊富な専門家に相談しておくべきでしょう。

自社株の贈与または譲渡のタイミングという点では、黒字転換前の赤字の時期がふさわしいことに変わりはありません。

会社が好調なときに相続が発生し、相続税として現金で納付しなければならない額が、想像を超える金額になる可能性があります。これは準備する以外の対策はありません。

今すぐ準備をしても早すぎることはない、と、繰り返し言う美都江氏には、相続で事業承継する者が一発勝負のギャンブラーのように見えるのかもしれません。

（税理士　島田二郎）

平美都江の相続人心得

専門家もピンからキリ
経験からの断言
自分自身が勉強しないと大損する

常に相続問題解決の着地点を意識し
短絡的にならず行動する
忍の一字を心に抱いて

なぜ、おばちゃん社長は連続的に勃発する地獄のような事件から生き残れたのか？
これ1冊でもめない損しない相続・事業承継

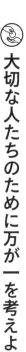

第3章
カリスマ経営者の暴走を止められず

第4章
まったく想定していなかった成年後見制度

第5章
後継者承継かM&Aか

第7章

相続税VS贈与税あるいは譲渡税VSみなし配当税

第1章

叩き上げの創業者の人生哲学・死生観

「相続」トラブルを想定した対策

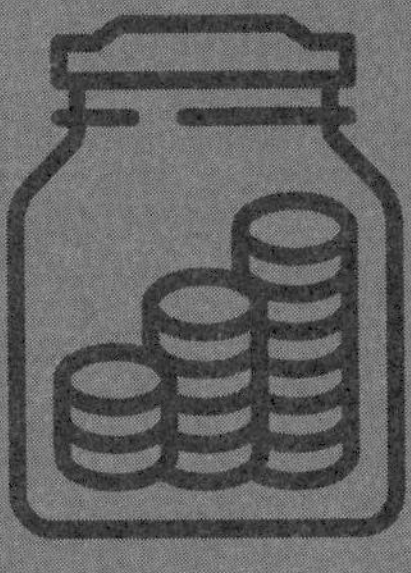

絶大な権力を握る
カリスマ・ワンマン経営者

〝自分だけのために生きる宣言〟のサイコパス

私が経験した「相続」についての数々の事件は、すべて父が原因です。父がすべてを引き起こしました。

父は、金属を加熱し圧延する〝鍛造〟業界では天才的技術者であり、平鍛造を創業して一代で世界中の一流企業と取り引きするまでに築き上げた希有な才能の持ち主でした。

しかも、『羽咋をリングの町にしたい』との思いから、中小企業である平鍛造が中心となって、大手から中小まで多くの企業を誘致して、現在数千人規模の雇用を創出しました。

そんな父は常々、「自分の築いた財産は、すべて自分のために使う」と口にし、病床についてからも、「従業員に24時間看病してもらって死ぬ」「死んでもあの世なんてない。生きているうちは自分の思い通りにする」と言い続け、まさしくその通りに生き、その通りの最期を迎えました。

それは「誰も信じない」「己だけを信じ、己の力で、己だけのために生きる」という信念、人生観の現れでした。父は2017年6月15日に亡くなりました。あっぱれとしか言いようがない人生でした。

私は今も父を誰よりも深く尊敬し、平鍛造で仕事ができたことには感謝の気持ちしかありません。

しかし一方、「相続」についての数々の〝事件〟を思い出すと、かなりの時間が経った今でも、たとえ生まれ変わっても父とは二度と出会いたくない、と思っているのも事実です。

とはいえ、多くの方からも、「貴方の今があるのはお父さんのお陰」と指摘されるでしょう。

これから一連の事件を書くことは、ある意味、父を批判しているように思われるかもしれません。しかし、それは批判ではなく、あっぱれな父の生き様、事実を書きました。

というのは、己だけを信じ、己だけを頼りに、己を貫き、型にはまらず、独自の人生哲学を持ち、人一倍強い情熱で、こうと思ったら何がなんでもやりとげる——こんな生き方は、世に数多く存在する「ワンマン経営者」の方々と共通していると思えるからです。家族や従業員を振り回しながら意志を貫いた父を書くことで、同じように振り回されている多くの方々に共感していただけると思ったからです。

父は病気により経営ができなくなりましたが、それを認めず会社を混乱させていきました。これもまたワンマン経営者にありがちなケースではないでしょうか。

「絶大な権力」を持つ人間が、「相続・事業承継」をより複雑に、より困難にするとき、どう対処すればいいのか。これだという決め手はありません。相続人には何もできない、というのが実感です。

しかし、被相続人が亡くなり、相続が現実のものになった時点では何もできなくとも、**長期的な時間軸で考えれば、少しずつ勉強を積み重ねることで、早くから専門家**

に相談すれば問題の解決策を見つけることができます。

被相続人・相続人の双方にメリットがあり受け入れられる提案を、機を見て少しずつしていくのです。

私は、宅地建物取引士やCFP®、一級ファイナンシャル・プランニング技能士などの資格を取りました。そのどれにも相続・事業承継の科目があり、概略を勉強するには最適です。また、勉強したことにより、税理士や弁護士などの専門家と早めに相談しておくことが、最良の方法だと痛感もしました。

どんな方法を取るにしても、時間はかかります。しかし、時間をかけただけずっと良い結果を得ることができるようになります。

夫婦どちらが先に亡くなるか 税負担は大きく変わる

父は、若い時分に東京で創業しましたが、せっかく立ち上げた会社を乗っ取られた経験があり、用心深く、細心の注意を払いながら会社の経営に携わり、そのストレスと激務で満身創痍でした。地方のしがらみから市議会議員になりましたが、人一倍強い闘争心のために自ら政争の中へと飛び込み、その重圧も大きかったと思います。

ストレスからバケツ一杯の血を吐くような胃潰瘍も患い、胃の全摘手術を受け、術後は虚弱体質に変わりました。胃を全摘したことからくる貧血を繰り返し、歩けなくなることもありました。

それでも父は仕事に打ち込み〝画期的〟と高評価される製品を作り出しました。しかし、その無理がたたって風邪をこじらせ、高熱が続き、若い頃に感染した肺結核がぶり返して片方の肺も働かなくなってしまいました。

家族は父が長生きできないのではと心配していましたが、仕事での振る舞いはワンマンそのもの、家庭でも戦前・戦中の家父長制そのままに、絶大な力を振るっていました。

母も私も毎日、父の機嫌を窺《うかが》うようにして生きており、そのストレスを発散する意味からか、母は、父が死んだらゆっくり旅行に行きたいと、冗談で言っていたほどです。

平鍛造は、父が作り出した画期的な製品により、高い技術が世界的に認められていたこともあり、トップシェアを誇っていました。バブルが崩壊した１９９０年代になってからは、営業担当専務になった私の提案を採用、売り上げよりも利益率改善に方向転換しました。それにより、大手上場企業からの仕事も激増しました。

父は、より高い技術を求めて設備投資を続け、ライバル会社の追従を決して許しませんでした。

利益率改善効果で、借入金の返済がどんどん進みました。国税ＯＢの税理士から、このまま順調にいけば、自社の株価が上がるので娘と息子に譲渡しておく必要があるとのアドバイスを受け、父は私たちに株を譲渡し、毎月の給与から天引きする形でその代金を返済をさせることにしました。

父は地元で農業協同組合長もするような名士でした。また、父は北陸三県、弟は石川県の長者番付の上位にランキングされていました。

財産を持っているのは父ですから、父が母よりも先に亡くなれば、母には多くの遺産が入ることになります。しかし、配偶者控除によりほとんど税金はかかりません。そこまで調べて、ちょっとホッとしたことを覚えています。

なにせ、父は税金対策どころか、自分の亡き後のことについての話題は、家族・会社では禁句でした。〝死後は灰になるだけ〟が口癖ですから、自分が無になることは、考えるのも嫌だったと思います。ですから、死や病気を想定する生命保険が嫌いで、1円の契約もしていませんでした。そんな父に相続対策などできるはずもありません。

夫婦どちらが先に亡くなるのがいいのか。税金のことだけを考えれば、お金を持っている人が先に亡くなることが望ましい。言い方に語弊がありますが、少しの猶予ができるという意味です。極めてドライに言えば、そう表現できるわけです。

ウチは父が病弱なので、絶対に母のほうが長生きする。少なくとも配偶者控除を受けることが可能な母は、相続税に悩まされることはない。その後の相続対策にも時間の猶予ができると想定していたのですが、現実はまったく逆、母が突然に亡くなってしまったのです。

私たち家族にとって、1994年9月26日の62歳での母の死は、あまりにも急な出来事でした。胆管がんが見つかったかと思うと、最初の主治医の宣告通り、半年で亡くなってしまったのです。後になればなるほど、母が家族の要だったと痛感しました。

相続問題で肉親の本心を知る

鉄則：相続は放棄すればもめない

早すぎる母の死に、私たちは悲嘆に暮れたというよりも、受け止め切れずにいたというのが本当のところです。

父にとっては配偶者がいなくなったわけですから、将来、父が亡くなったときの遺産は、直接、子どもである私と弟に渡ることになります。その際には配偶者控除はなく、とても現金では納付できないような莫大な相続税がダイレクトにかかることになります。

相続税についてはいったいどうなるのか。

図表Aのように、相続税は配偶者のいる場合といない場合とではこんなにも違うの

図表Ａ　相続税：配偶者がいる場合、配偶者がいない場合の相続税

○ 相続人に配偶者がいる場合　（単位：万円）

課税価格＼子どもの数	1人	2人	3人
1億円	385	315	262
2億円	1,670	1,350	1,217
3億円	3,460	2,860	2,540
4億円	5,460	4,610	4,155
5億円	7,605	6,555	5,962
6億円	9,855	8,680	7,838
7億円	12,250	10,870	9,885
8億円	14,750	13,120	12,135
9億円	17,250	15,435	14,385
10億円	19,750	17,810	16,635
12億円	24,750	22,560	21,135
14億円	30,145	27,690	26,000
20億円	46,645	43,440	41,182
30億円	74,145	70,380	67,433

○ 相続人に配偶者がいない場合　（単位：万円）

課税価格＼子どもの数	1人	2人	3人
1億円	1,220	770	630
2億円	4,860	3,340	2,460
3億円	9,180	6,920	5,460
4億円	14,000	10,920	8,980
5億円	19,000	15,210	12,980
6億円	24,000	19,710	16,980
7億円	29,320	24,500	21,240
8億円	34,820	29,500	25,740
9億円	40,320	34,500	30,240
10億円	45,820	39,500	35,000
12億円	56,820	49,500	45,000
14億円	67,820	60,290	55,000
20億円	100,820	93,290	85,760
30億円	155,820	148,290	140,760

出典：『相続事業承継インデックス』（税務研究会出版局）より

です。母の死によって状況はまったく変わってしまいました。私は慌てました。

しかし、それはほんの序の口、さらにショッキングな出来事が続きます。

驚くことに、母の遺産が見つかったのです。タンス預金の５５００万円が出てきました。

１９６８年、私たち家族が石川県羽咋市にUターンして、父がこの地で創業したての頃は家もありませんでした。私たち家族は母の実家に居《い》候《そうろう》をさせてもらい、父は会社に泊まり込んで働きました。当時、母も働きに出ていましたが、そのときに貯めていたにしても、これほどの額にはならないでしょう。

父の給料から少しずつ貯めたとしか思えませんが、これだけの額となると10年、いやそれ以上、ひょっとしたら結婚した当初から40年近くかけて貯めたお金かもしれません。

当時は８％金利でした。複利で預金をしていれば、10年で倍になる時代でしたが、それにしても母がこれだけの大金を持っていたということに驚きました。

が、さらに驚くべきことには、この母が遺した５５００万円を、父は「全部、俺のものだ」と言い出したのです。

私にとって父の「信条」に初めて触れた〝出来事〟であり、母の死とともに訪れた思いもよらぬ相続についての初めての〝事件〟でした。

少しの甘えも許されないと肝に銘じる

父の「俺が稼いだ給料から貯めた金だから、もとはといえば俺のもの」という理屈はわからないわけではありません。

しかし、それでも母が質素倹約、コツコツとやりくりをして貯めたお金であることに変わりはありません。母の遺産である以上、民法の相続の原則に従えば、配偶者である父に2分の1、残りの2分の1を子どもである私と弟が分けるということになるはずです。

しかし、父は断固として「俺のもの」を、譲りません。私は唖然として言葉も出ませんでした。

父は、その頃になると田畑、山林、金塊など、かなりの財産を所有し、住んでいる家から自分の地面を通らないで駅まで行けないとまで豪語していました。ポケットにはいつも札束を入れ、人を見ればチップを渡す気前の良さ、気風《きっぷ》の良さが地元で評判でした。

ですから母の遺産が見つかったときも、てっきり私たち姉弟に「お前たちで半分ずつ分けろ！」と言ってくれるものとばかり思っていました。

ところが、現実はまったくの逆。「全部俺の金。お前たちには一銭も渡さない」という言葉に、私は「父っていったいどういう人？」と、すっかり父のことが怖くなりました。

親子といえども、少しの甘えも許されない。今後は徹頭徹尾、無欲で生きていこうと思った、私の原点ともいうべき出来事でもあったのです。

苦難の生い立ちが形成した父の〝人生哲学〟・〝死生観〟

「相続放棄」を突然迫られたとき

相続税の申告期限が間近に迫ったある日、私と弟は父に会社へ呼び出され、「これにサインしろ」と書類を差し出されました。それは、私たち姉弟が母の遺産を放棄する旨の書類でした。

さすがに父も、ただ「俺のものだ」と主張するだけで、母の遺産を自分のものにできるとは考えていなかったようです。子どもにも遺産を受け取る「権利」はある。それはわかっていて、父のカバン持ちの司法書士に依頼して、私と弟が「相続放棄」をする書類を作らせたわけです。

私は抵抗することなく、すぐにサインしました。

というのは、当時の私は子どもを二人抱えて離婚したばかりでした。なんとか会社で働かせてもらって生活していたというのが実情でした。

私の給料は、自社株の譲渡代金を天引きされた後でも手取りは50万円でしたから、かなりの高給でした。しかし、もし追い出されでもしたら、同額の給料などもらえるわけはなく、それどころか働ける当てすらなく、暮らしていけなくなります。また、早くから跡継ぎは弟と決められており、母亡き後の私は、会社での自分の居場所を見つけられずにいました。ですから、この父の独善的な相続放棄の提案にも、逆らわずに従うしかないと思ったのです。

働く場＝平鍛造を追い出されないため、息を殺して存在感を消す。というのが私の心構えでした。

しかし、弟は違いました。弟は平鍛造では当時、すでに社長で、不動の地位を確立していました。実際に、父に対等とまではいきませんが、意見を言える立場でした。

相続放棄の書類を見た弟は、激昂してそのまま事務所を出て行きました。理不尽な要求に耐えられなかったのでしょう。

そして弟はどうしたのか……私は結局、その後の経過を聞くことはできませんでした。

父が折れるとは思えませんし、弟が簡単に引き下がるとも思えません。その後、弟は事故死したため、今も真相は藪《やぶ》の中です。

母の相続をめぐるこの〝事件〟によって、私の中で、**相続財産を決して当てにしない、もらわない。自分で働いて稼ぐ。**という気持ちが強化されることになりました。

そしてこれ以降、これは相続に対して私の一貫した姿勢となっていきます。

弟は弟で、この出来事以降、父とは口をきかなくなりました。私と同じで、父に対しての基本姿勢を強く持ったように見えました。自分の子ども（私にとっては甥）には、平鍛造で働くことを考えず、医学の道へ進んでほしいと言っていたようです。

父のお金に対する考えを垣間見た〝振り袖事件〟

母は、この地域では後にも先にもないような壮大な葬儀で見送られました。父は葬儀のためにおそらく数千万円単位のお金を使ったと思います。

しかし、その一方で、次のようなこともありました。

母は生前、入退院を繰り返していました。あまり長くはもたないことをお医者さんが配慮してくれたのでしょう。体調の良い時期を見計らって、家に帰る許可を出してくれました。

1994年8月のお盆過ぎに家に帰ってきたとき、母は、私の次女に振り袖を買ってくれました。

長女と次女には茶道を習わせており、長女には前年すでに振り袖を揃えてくれていました。いずれ次女にもと考えていたようで、退院のタイミングで実行しようとしたわけです。

母は自分で選びたいとかねがね口にしており、すぐに馴染みの呉服屋さんを呼んで、加賀友禅の振り袖と帯を選びました。一式300万円ほどでした。

その年の11月の文化祭でのお茶会を控えており、母は「二人がお茶を点《た》てるのを楽しみにしているよ」、「おばあちゃんは必ず見に行くからね」と二人の孫に言っていました。

母はそれから1カ月あまり経った9月26日に亡くなりました。11月の文化祭には間に合わなかったのです。呉服屋さんへの支払いは、年末に約束しており、それも済ませていませんでした。

そこで、私は父に相談しました。さすがに可愛い孫の振り袖です。てっきり「わかった。俺が支払う」と言ってもらえるものと思っていましたが、その期待はあっさりと裏切られました。「そんなもの、知らん！」と言い放ち、「お前、嘘までついてカネほしいんか？」と追い討ちをかける始末です。私が自分で勝手に購入したのに、母が買ってくれたと嘘をついたというのです。

300万円は、家のローンの頭金と同じ額です。シングルマザーの私がいくらなんでも独断で買うはずがないではないですか。結局、呉服屋さんにはなんとか月の分割払いをお願いして、数年かけて支払いました。

ちなみに父は11月のお茶会に顔を出し、可愛い孫二人がお茶を点てるのをニコニコしながら見ていました。

母の遺産を「全部俺のもの」と言い、相続放棄を私と弟に迫ったかと思えば、ポケットには常時、札束を入れて、従業員にも周囲にもチップをバラまき、政治には億単位で資金を注ぎ込んでいました。

母が亡くなってからのこれら一連の父の言動に、私は驚くやら、啞然とするやら……。

父がお金についていったいどのような考え方をしているのか、父の偏狭的な一面を垣間見た思いがしました。目的があっての行動なのだと、当時は認識しただけですが。やがて、その認識は確信に変わっていきます。確かに父には父独自の〝信条〟があったのです。

貧乏な幼少期の体験から人生観を寝たきりの父（私の祖父）から死生観を

父の独特の「信条」がどのように形づくられてきたのか、『天下無双 平昭七 鍛造屋一代』（細井勝著、時鐘舎）と、私が実際に耳にした話を手がかりに、父の生い立ちを振り返ってみましょう。

父、平昭七は、1932（昭和7）年6月、石川県旧羽咋郡北邑知《きたおおち》村の鍛冶屋の三男として生まれました。現在の羽咋市の南東部に当たる地域です。

父の父、つまり私の祖父の源太郎は、おもに農耕などで使う荷車の車輪を、鉄を鍛えて作るのが仕事でした（以下、混乱を避けるために父は昭七、祖父は源太郎、祖母はかおりと名前で記します）。

昭七は小さい頃から源太郎の職場に出入りし、真っ赤に焼けた鉄をハンマーで叩いて思い通りの形にしていく鍛冶の仕事に魅了されたようです。自分でも起用に大人顔負けの仕事をしたといわれています。

昭七の上には二人の兄と姉がおり、後に3人の妹も生まれました。一家9人の暮らしは決して楽ではありませんでしたが、それでも村に一軒しかない鍛冶屋だったこともあり、源太郎一家はなんとか生活していたようです。

しかし、昭七が小学2年になった頃、源太郎は関節リウマチで倒れ、何とか安定していた生活は崩れていきます。源太郎は寝たきりになり、仕事ができなくなってしまいました。

昭七の母、かおりは寝たきりの夫と7人の子どもを抱え、一家を支えなければならなくなりました。近所に頭を下げて借金しようとしますが、周りは冷たくあしらったといいます。

そんな様子を見ていた昭七は、いつしか手の付けられない乱暴者になっていました。ガキ大将となった昭七は、子分を何人も従えて喧嘩ばかりしていたそうです。「近所で何かあれば、その原因は必ず昭七だった」――叔母（昭七の妹）たちは後に口を揃えてそう父・昭七の小さな頃を振り返っています。裕福な家の子に命じて食べ物を持ってこさせ、貪り食べていたそうです。

源太郎は寝たきりになりましたが、昭七にとって父の影響は依然、大きかったようです。

源太郎の口癖が「死んだら灰になるだけだ」でした。「あの世というものはない」「人間は生きているうちだけ」とも口にしていました。

昭七の考え方そのものです。祖父から父へと、人生観・死生観が受け継がれたのです。

また、源太郎は、家が貧しいことを十分にわかっていながら、妻のかおりに「美味いものが食いたい。買ってこい」と、しばしば言いつけました。かおりが「お金がない」と答えると、殴りつけたといいます。

これも源太郎の「人間は生きているうちだけ」という考え方によるものでしょう。その身勝手さは「俺が稼いだ金で俺が何をしようと俺の勝手」と、開き直る昭七の信条と見事に重なります。

かおりは殴られて泣きながら、昭七ら子どもたちにこう言ったそうです。

「お前たち兄弟のうちたった一人でいい、金持ちになっておくれ」

この言葉もまた、昭七の価値観に大きな影響を与えたことは想像に難くありません。

この母の言葉で俺は今日まで頑張った、というのが、昭七の口癖でした。

乗っ取りの深い傷もリベンジにした「経営方針」

父・昭七は19歳のときに単身東京に出て、職業安定所で一番高額な給与という理由から、鍛造の世界に飛び込みました。超一流の鍛造工を目指して、職場をいくつか渡り歩いた後、鍛造リングの製造ではトップ企業の一社に入りました。

鍛造リングを作るためハンマーの使い方を研究し、治具《じぐ》を工夫して自作し、誰にも作れない凹凸鍛造リングを、誰にもできない精度で作り上げました。30歳になる頃には、業界でも屈指の職人としてその名が知れ渡るほどでした。

35歳で独立しましたが、注文は絶えることはありませんでした。抜きん出た技術は相変わらず評判でしたが、職場は数人の規模で運営しており、大企業と直接、取り引きすることはどうしてもハードルが高く、仕事さえあればいいと安易に考えて、下請け、孫請けの仕事が中心でした。

注文と売り上げは上がりましたが、さらなる高い技術と生産増を求めて設備投資を続けたため、会社の経営はいつもギリギリの状態でした。

そんなある日、私は父が警察に捕まったと母から聞かされました。私が小学校6年生になったばかりの頃です。その頃、私たちは東京都大田区の一軒家に住んでいました。

母の話を要約すると次のようになります。

次々と注文をこなしていた父でしたが、ある日、ある発注元からパタリと仕事が入ってこなくなりました。特に思い当たることはありません。日本は高度成長の真っただ中で、業界は活況そのものです。同業者はどこも順調に仕事をこなしています。

父は技術には自信があっただけに不審に思い、その発注元に足を運ぶと、その社長から驚くべきことを言われました。

「お前が会社を出ていけば、なんの問題もない」

父の会社が下請け・孫請けとして仕事を取らざるを得ないこと、また、設備投資で借金がかさみ、仕事を止められてはどうにもできないことに付け込まれ、寝耳に水の想像もしていなかったことを吹っかけられたのです。

しかも人を見下したものの言い方だけでなく、仕事上の要求とは別次元の会社ごと明け渡せ、そうでないと倒産だろ？　という理不尽この上ない要求です。自分が、一国一城の主から文無しへ突き落とされかねない事態に、父は爆発しました。

小さなときから喧嘩自慢の男です。いきなり相手の襟首を掴むと殴り始めました。それだけでは気がすまなかったようです。その男を監禁してさらに暴力を振るい続けたようです。

相手の男は、足を骨折するなど大怪我を負い、父は警察に捕まって留置所に入れられてしまったのです。

「当分の間、帰ってこられない」と母は言いました。

その言葉通り、父が不在のままひと月、ふた月と経っていきました。その間、母はせっせと拘置所に通い続け、父に差し入れをしました。

父が不在の間、お金が入らなくなり、我が家はたちまち困窮しました。

まず、電話回線が止められてしまいました。ある日、友達に「昨日電話したけどつながらなかった」と言われ、私はとっさに「おかあさんがずっと電話していたから」と嘘をついたことを覚えています。

そのうち会社の従業員が「給料を払え」と家に押しかけてくるようになりました。母は、初めから事情を説明できず、そのうち誰が来ても居留守を使うようになりました。家の電気を消して、母と私と弟の親子3人で布団をかぶり、じっと気配を消しました。

お金に困った母は内職を始め、私たちも手伝いました。大田区の家の周りにはたくさんの町工場がありました。そこから、仕事をもらってくるのです。

紙を糊付けして袋を作ったり、赤ちゃんの靴下に毛糸のボンボンを縫い付けたり、ネジとシム・ナットをセットにするような仕事です。

当時の内職のいいところは、仕事を終えて納品すれば、その場で現金がもらえることでした。そのお金を持って市場でその日の食材を購入し、また内職をして次の日をやり過ごす――そんな、その日暮らしを続けました。

そんな中でも、母はせっせと拘置所に通い、父に差し入れを続けていました。母が、家ではとても食べられないような高価な果物も入れた差し入れの弁当を作っていた姿は、強烈に目に焼き付いています。電話も切れてもうすぐ電気も止められるかもしれないと、言っていたときなのに……。

寝たきりになった祖父が、家にお金がないことを知っているのに「美味いものを食いたい」と妻のかおりを困らせていた話とそっくりではありませんか。時間と場所を超え、祖父と祖母の時代の風景がよみがえります。私の父親が、持ってこいと言っていたのか、母が父の心情を察して豪華な弁当を作っていたのかは、不明ですが。

失敗から学んだ教訓が強固な会社方針に

結局、父は、半年近く拘置所に入っていたことになります。

裁判は、怪我をさせた〝被害者〟に会社を譲ることにして、その代わり1000万円とプレス機1台を受け取ることで、和解したそうです。54年前の1000万円と高額なプレス機ですから、暴力さえ振るわなければ、より良い条件が引き出せたのでは、と考えるのは私の経験不足からくる甘さでしょうか？

かっと頭に血が上って暴力を振るったために、結局、会社を手放さざるを得なかったのです。父からすれば、暴力で相手を恐怖に陥れたのも駆け引きのうち、と言うかもしれません、そんな父です（怖）。

父は拘置所を出ましたが、家には帰ってきませんでした。その足で、故郷の羽咋市に向かうと、そこで再び自分の会社を起こそうと動き出しました。

といっても、1000万円とプレス機は手に入れたものの、それだけで起業することはできません。また、地元の銀行へ行っても、実績のない父はお金を貸してもらえないと考えたのか、地元で製材業を営んでいた兄（叔父）を社長にし、その信用で融資を受けられるようにしました。創業時、父は専務でした。

父が新会社の設立に奔走している間も、私たち親子3人は東京に残されたままでした。結局、母と私と弟が羽咋市に引っ越したのは、翌年の3月になってからでした。私たちは、私の小学校の卒業を待って、羽咋での新しい生活を始めたわけです。

父が故郷で会社を作ろうとしたのにはいくつか理由があります。

一つは、かつては東京で会社を経営することが仕事に有利に働くと思っていたのですが、実際はそうでもないとわかったからです。

まず、東京と地方では、当時でも土地代がまったく違います。鍛造工場を操業するためには、ある程度の土地が必要になります。購入するにしても、借りるにしても、東京と地方では土地代に雲泥の差がありました。

また、東京にいるほうが、仕事が入ってきやすい、というわけではありませんでした。むしろ羽咋が有利と父は考えました。

そして、父の人生最大の経営的教訓は、例の「乗っ取り事件」から得られたものでした。

その教訓とは、下請け・孫請けの立場から脱することでした。たとえ他社にはない高い技術を持っていたとしても、下請け・孫請けの立場のままでは、また足元を見る人間が現れ、同じような目に遭うという強い確信でした。そのため父は、大手と直接に取り引きすることを考えました。

羽咋市は、南北に延びる石川県の真ん中よりやや北に位置し、東の富山県と隣接しています。石川県小松市は建設機械製造の大手・小松製作所発祥の地ですし、また隣の富山県には、工具・ベアリングメーカーの不二越があります。

どちらも現在の本社は東京ですが、製造拠点はそれぞれの発祥の地にあり、鍛造品を部品素材として使用していました。父は自分の故郷・羽咋が意外にいい立地にあることに気がついたのです。

父が得たもう一つの教訓が、常に多くの会社と取り引きすることでした。大手と取り引きできたとしても、ごく限られた会社だけならば、また〝活かさず殺さず〟の下請けに甘んじてしまいます。

少数の会社に依存すればするほど、生殺与奪の権を握られ、価格を叩かれることはもちろん、無理難題をのまされることになるでしょう。実際、平成の時代でも、父と同じ手口で乗っ取られた会社は少なくありませんでした。私も目《ま》の当たりにしました。
そこで父は、まずは、主要ベアリングメーカーのすべてと取り引きしようと考えました。

下請け・孫請けに甘んじず、そこから脱せよとは、経営の常識としていろいろなところで語られていますが、父は自らの体験により自身の身にこのことを強く刻んだわけです。ですが、創業したばかりの会社にとっては、願うは易く、実際は困難なことばかりだったと想像します。

しかし、その困難を乗り越えて、すべてのベアリングメーカーや大型建機メーカーとの直接の取り引きを実現した父の凄さがここにあります。

「乗っ取り事件」により、これら経営原則的な教訓が得られましたが、父個人にとっても当然、事件の影響は大きく、その後の父はより疑い深くなっていきました。この経験で、己以外誰も信じないという信念を強化したのではと私は考えています。

叩き上げから辛酸を嘗《な》め、伸《の》し上がった経験が、父の〝人生信条、生き残り哲学〟を作り上げていったといえるでしょう。それは〝人生観〟であり〝**人生哲学**〟と呼んでもよいものかもしれません。

母の死をめぐる出来事は、ほんの発端にすぎませんでした。

この先、私たち家族は、「相続・事業承継」をめぐって、父の人生哲学「己以外誰も信じない」「人間は生きているうちだけ」「死んだら灰になるだけ」「自分の稼いだ金は、自分で使って死ぬ」という、自分の父親譲りの特殊な信条や〝死生観〟にずっと振り回され続けることになります。

我欲を排し、相続財産を当てにしない

――平美都江の相続人心得

創業家の一員として生きていくため
息を殺して存在感を消す
仕事を覚えながら使命を待つ

辛抱が無駄になることはない
必ず大輪の華が咲く

辛抱と我慢は違う

第2章

逆縁・社長だった弟が45歳で事故死

経営に立ちはだかる民法の均等分割

弟の財産を「全部俺のもの」と譲らぬ父

母の死から10年後、私たち家族にとって驚くべき、取り返しのつかない事件が再び起こりました。2004年10月、平鍛造で社長を務めていた弟が、工場内でフォークリフトの事故で亡くなったのです。

青天の霹靂《へきれき》ともいうべき弟の死は、家族にとっては、とてつもない衝撃でした。

仕事を家に持ち込むことを嫌っていた母が亡くなったことで、家は会社の会議室のようになっていました。365日24時間シフトを強いられているようなもので、母の存在がどんなに大きかったかをしみじみ感じていました。しかし、そんな中、次に弟が亡くなったのです。そして、ここで、本格的な「相続」の問題が起こりました。

弟の遺産は、母のときとは比べようもないほど大きなもので、ある程度のトラブルは覚悟していましたが、想定以上の〝事件〟がまたしても起こったのです。いや、引き起こされたのです。

言うまでもなく、事件の主人公は父です。父はここでもまた弟の遺産は「すべて俺のものだ」と言い出したのです。

父は当時、社長の座は弟に譲っていましたが、ワンマン体質は相変わらずで、会社では会長として権勢を振るっていました。

弟はかなりの財産を持っていました。最も価値があったのが自社株です。会社の全株の3分の1を所有し、14億円が相続税評価額でした。もともとは父が全株を持っていたのですが、3分の1を弟に譲渡し、弟は毎月の給料から少しずつ譲渡株の支払いをしていたのです。

ちなみに私も同じように毎月支払う形で、やはり3分の1の自社株を所有していました。

弟はほかにも現金をはじめ、上場企業の有価証券や金の延べ板も持っていました。

弟には配偶者（私にとって義理の妹）と息子（甥）がいましたから、民法では、弟の遺産の2分の1をそれぞれが相続することになります。

ところがどういうわけか、父は、弟の遺産は預貯金なども含めて「全部自分のもの」と言い出したのです。

会社の運営は順調で、すでに無借金になっていました。

取引先は、建機メーカー、ベアリングメーカーなどの各業界の日本を代表する超一流企業ばかりでした。利益率は高く、キャッシュリッチな会社にもなっていました。

父はお金に困っていたわけではありません。いえ、お金を持っていたからこそ、ほかの者には渡さないという信念があったようです。

それにしても父はどういう理屈で、弟の財産すべてと自社株を「全部自分のもの」と言い出したのでしょうか。

弟と私への株の譲渡は、その10年以上も前から始まっていました。

というのも、国税庁に勤務していたときからお世話になっていた方に、当時は会社の関与税理士をしてもらっており、その税理士から「もう会社の株価はうなぎ登りになる。それから『相続』となれば、相続人（私と弟のこと）は、大変な額の相続税を支払わなければならない。まだ株価が安い今のうちに、（生前）譲渡しておけばいい」と、アドバイスを受けたからです。

そこで父は、自社株を3分割して、3分の1を自分の手元に残し、3分の1を弟に、同じく3分の1を私に譲渡することにしたのです。弟と私は毎月の給料から天引きされる形で、それを支払うことにしたのです。

税理士の自社株譲渡のアドバイスはごく一般的なものでした。当時の父は「そういうものかな」と、安易に受け入れたのでしょう。まだ借金もあり、そこまで自分の考えが最高だというような自信に満ち溢れておらず、多方面からアドバイスを真摯《しんし》に聞き入れていた時代でした。

しかし、無借金でキャッシュリッチな会社のトップで、金塊を2トンも持つようになれば、父は「一般的」な思考方法を取る人間ではありません。

弟と私に株を譲渡し、母の死を経て、会社を無借金経営に改革した父は、「株が安いときに譲っておけばいい」という、税理士からの「一般的な助言」を受け入れ、実行したことを、後から心底後悔——。

私には、そう思える、そう確信する行動が多くなりました。

実際、父自身、これほど会社の利益率が高くなり、株価も連動して高くなるとは考

図表B　平鍛造の自己資本比率の推移

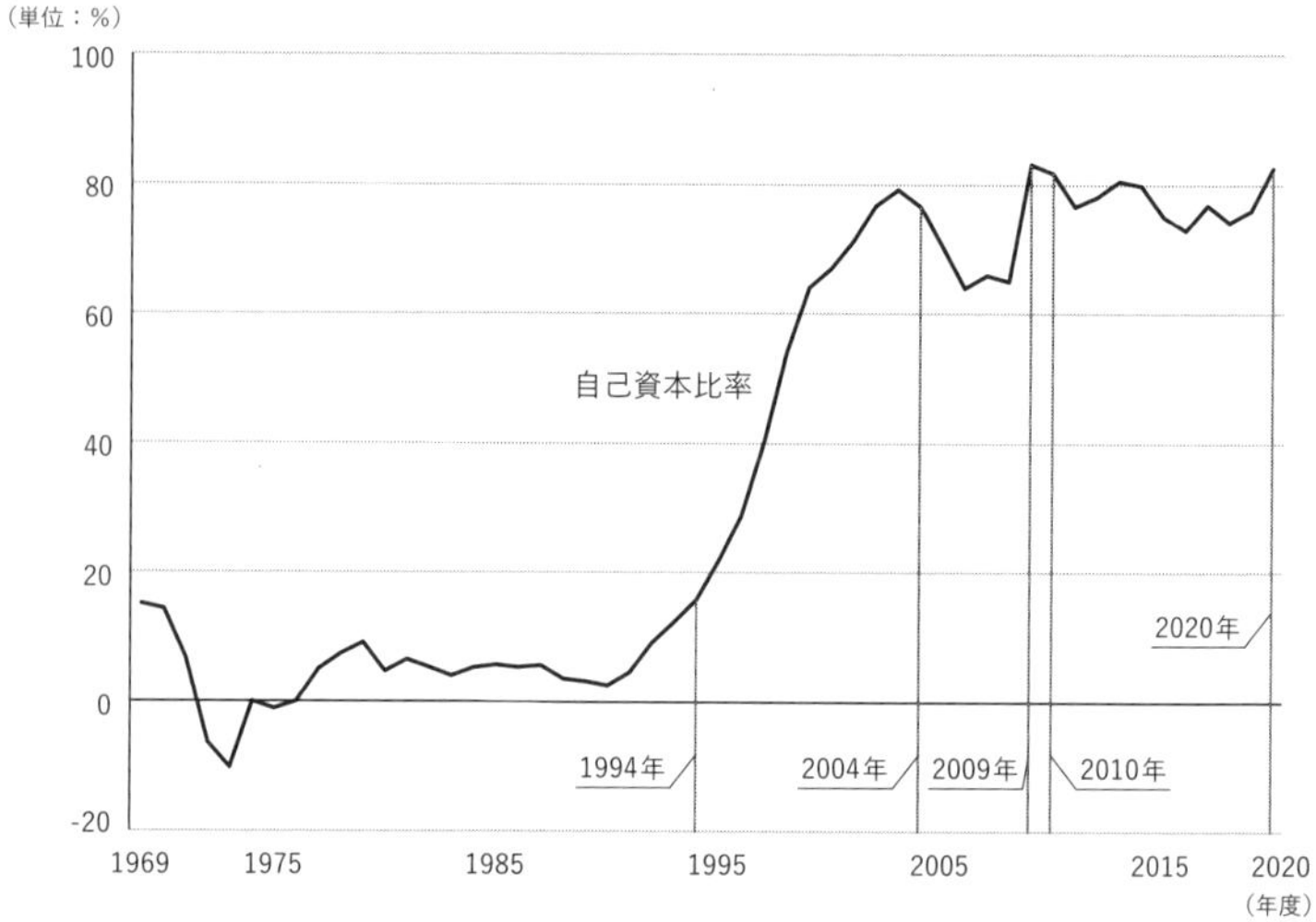

	母が亡くなった年	弟が亡くなった年	会社閉鎖／父の株買取の年	会社を再開した年	自社株売却の年
年	1994（平成６）年	2004（平成16）年	2009（平成21）年	2010（平成22）年	2020（令和２）年
売上合計	7,918,624,505	5,151,192,131	12,804,801,798	1,853,161,767	6,930,842,096
当期税引前利益	356,090,139	450,970,988	1,982,680,529	△942,909,530	690,446,745
法人税等	183,660,600	207,708,500	412,608,300	0	53,128,200
負債の部	7,011,186,081	1,548,917,278	19,274,469,944	1,251,616,965	1,444,425,798
純資産の部合計	1,309,371,731	5,079,561,234	9,483,446,446	5,606,032,683	6,833,873,181
負債・純資産合計	8,320,557,812	6,628,478,512	11,410,893,440	6,857,649,648	8,278,298,979
自己資本比率	15.74%	76.63%	83.11%	81.75%	82.55%

えていなかったようです。

相続テクニカル・コラム②

法人税の役員給与課税の変遷――損金不算入

新会社法が制定され、平成18年度改正の役員給与課税の損金算入については全面的な見直しが行われました。

①定時定額給与は損金算入
②事前確定届出給与（いわゆる賞与）は損金算入
③利益連動給与は損金算入

つまり、この改正で当期決算前の事前届けがなされていれば、高額であっても損金にできることになります。平成17年度までは、高額な役員報酬、つまり一定額以上に対しては国税が通念的に判断し、損金不算入とされ、法人税が課税されていました。

当時の平昭七社長は、政治活動のため多額の現金が必要だったと聞いています。ところが、会社にまだ現金はなく、役員報酬を高額にできず、またできたとしても税金を支払いたくなかったのでしょう。美都江氏と弟さんに株を譲渡し、その毎月の返済で現金を手元に置いておきたかったのでは、と推察します。

（税理士　島田二郎）

浮上した「名義株」問題

父は途中から、名義上、私と弟が株を持っている形にしようと考え直したのかもしれません。

事実、弟の遺産をめぐっての〝事件〟では、私は父に、毎年の決算書類で、税務申告時の株主構成に弟と私が含まれている事実を指摘しました。ところが、父は、「それは名義だけのこと。現実には俺のもの。名前を借りていただけ」と、主張し続けました。

現在、経営者や役員の報酬が何千万円単位の会社は珍しくありませんが、当時の国税の見解では、**たとえオーナー社長であっても報酬には限界がありました。高額報酬には、決算申告では、経費と認められず、別表で損金不算入の課税がされました。**そのため、自分で自由にできる現金は限られていたのです。

しかし、父の人生観は、**「死ぬまで、俺のやりたいようにやる」「死んだ後は灰になるだけ、死後はない」**です。

稼いだ金なら自分の自由にできて当然、制限されるいわれはない。父がそう思っても不思議ではありません。

株の一部を私と弟に譲ったことにして、毎月私たちの給料から天引きされるお金を、自分の懐へ入れていたというのが、父の言い分でした。現金を少しでも自分の自由にしたかったからです。

私と弟は、最初「株を譲るから給与から天引きする」と父から言われ、当然、正当に株を譲られたと、律儀に毎月支払っていましたが、父にとっては、より多くの現金を手にするための手段にすぎなかった、というわけです。もちろんこれは、後から考えた言い訳と思えましたが、**状況が変われば、それに従って主張も変えていくのが父の常套手段でした。**

父は、〝自分が法律〟と思っているフシがありました。母が亡くなったことで、それまで私は朝2時に起こされていたのが、23時半に繰り上げられました。私は「今は、まだ夜ですよ」と言いましたが、父は「俺の起きたときが朝や」と、森羅万象まで自分の法律で変えて、従業員と家族を振り回そうとしました。

弟の財産を「全部俺のもの」と言い出したことについても、母が亡くなったときと同様、まさに父ならばいかにもやりそうなことでした。

弟や私への自社株譲渡を父にアドバイスした税理士は、弟の相続税の申告を担当すると、父の性格をよく知っていたためでしょう、父に反論しませんでした。

弟の財産の相続人は、弟の妻（義理の妹）と息子（甥）です。私はこの問題ではまったくの部外者です。私は、母が亡くなりその相続が問題になって以来、**自らの利益に**

なる発言は一切しないことを自分のスタンスにしていました。父からまた「財産狙いか」と言われたくないからです。

しかし逆に、自分の利益とは無関係なことについては、むしろズケズケと発言するようになっていました。

その後、私一人が大声で父とやり取りする日が続きました。大声で主張できたのは、私の損得ではなかったからです。甥や義妹が文無しにされると心配したからです。亡くなった弟が一番嫌うこと、一番心配なことだろうと思ったからです。

もちろん、父の態度は変わりません。父がお金を握り、すべての家族を自分の言いなりにしようとしていたのは明白です。

父には、「お金を持った者は、言いなりにならない」信条がありました。このときも、母のときも、自分がお金をほしいからというよりも、ほかの者に持たせたくない、という信念があると確信しました。

父との口論はまったく無意味で、不毛な10カ月が過ぎていきました。申告と納付の期限が迫っていました。

死は時と場所を選ばず、前触れもなく訪れる
責任ある大事な人のために今すぐ遺言書を

自分のためには主張せず
他者のためには正論を言う

名義株

名義株

名義株の問題は、株式の名義人が株主であるのか、あるいは、株主の名義人ではないが実際に株式の取得代金の払い込みなどを行った者が株主であるのかという問題であり、判例では、後者が株主であるとされています。

通常、会社の運営で名義株が問題になることはあまりありません。

しかし、その名義上の株主がお亡くなりになって、事情の知らない相続人が株主であると主張し始めたらどうでしょうか。名義株の問題を放置しておくと、将来、さまざまな紛争が生じる恐れがあります。

また、株主が誰かが明確でなければ、100％の株式を譲渡するM&Aにおいても支障が生じます。

いざM&Aというときになってから名義株の問題解決を図ったのでは、時間がかかってしまってM&Aの機会を失ってしまうことにもなりかねません。

（弁護士　長原悟）

突然の相続、未成年の甥はどう思ったのか

「なぜ、僕だけ、こんな目に遭わなきゃならないの？　どうして、こんなに相続税を払わないといけないの？」

毎日のように家族がもめている傍らで、高校生の甥がそう言いました。私は今でも、そのことを胸が詰まるような気持ちとともに覚えています。

義妹が民法上の均等分割権利を主張

その間、もう一つ、懸念材料が持ち上がりました。弟の遺産を、妻と息子がどう分割するか、ということです。弟の妻、つまり私の義理の妹が、弟が持っていたすべて

の財産を自分の一人息子と均等に相続したいと言い出したのです。

現金や土地などはともかく、問題と思われたのが自社株でした。義理の妹は、自社株も息子と均等に、半々にして相続したいというのです。

弟は14億円の価値のある自社株をはじめ、現預金、上場企業の有価証券などを所有していました。民法上の相続の分割原則からいえば、配偶者は遺産の2分1を、子どもは残りの2分の1を相続することができます。ですから弟が持っていた自社株の半分を相続したい、という義理の妹の言い分は間違いではなく、当然の権利です。

しかし、義理の妹はまだ30代です。ひょっとしたら将来、再婚するかもしれません。子どもが生まれる可能性もあるでしょう。

そして、あってはならないことですが、もし万が一、彼女が亡くなるようなことがあれば、自社株は、彼女の新しい夫とその子どもたちのもとへ、とにかく分散していくことになります（現実には彼女は今も再婚していません。私の杞憂にすぎなかったのですが）。

これは会社の将来を考えると、好ましいとは思えません。いえ、由々しき問題です。

土地の問題でその「相続」人が誰なのかわからず問題になることがあります。

しかし、何世代も放っておかれると、その間「相続人」が結婚したり、子どもができたり、事情が変わります。「相続人」が亡くなれば、「相続」の権利は配偶者へ、子どもへと広がっていきます。

自社株も同じことですが、いったん分散させてしまうと、議決権の問題が土地以上に重大になります。

会社が大きな決断を下そうとしたとき、株を買い集める必要が出てきます。それができずに大事な決断を下し損ねれば、会社をあらぬ方向へと導いてしまうことになりかねません。株を分散させることは、土地の権利を分散させること以上に、会社の運営に支障を来し、損害を招いてしまう可能性をはらみます。

後に私は、上場会社へ自社株を売却する重要な決断を下しましたが、それができたのも株を集中して保有していたからです。

自社株は分散を避け、持つべき人間が持つという決断を、勇気をもって行った上で、相続・贈与・譲渡すべきでしょう。

この場合、**持つべき人とは甥＝ゆくゆく経営者になる者**のことです。弟の息子、つまり私の甥が会社を継ぐことは、父にとっての望みでもありました。弟が父を継いで社長を務めていたのですから、自然な流れです。

そこで弟の持っていた自社株については全株、甥に「相続」するよう義理の妹を説得しました。

妹は抵抗しました。**抵抗というよりも、なぜ、民法上の権利があるのに、差別をされないといけないのかという単純な疑問を口にしただけだったのかもしれません。**彼女にとっては夫に先立たれ、父が理不尽なことを言い出したことで、自分も強く主張しなければ、と思ったのでしょう。〝相続には無関係な小姑(私)が横から口を出して〟とも思ったでしょう。

しかし、会社の将来と、会社を背負っていく甥の将来のために、と私が力説すると、ようやく納得してくれました。弟は45歳だったのですが、残された彼女が以後、生活するためにはまったく心配のない現金や金魂、有価証券を残していました。彼女はそれを受け取ることになりました。私は、後日、遺族年金の手続きも勧めました。

残った問題は一つ、父をどう説得するかでした。

相続テクニカル・コラム④

株分散のリスク

株主総会では、通常の決議事項については過半数の賛成で、一定の重要事項の決議については3分の2の賛成で、可決することができます。そのため、会社の株式の過半数を確保しておこうとか、3分の2を確保しておこうという考えが生じ、それは一理あると思います。

しかし、3分の2の株式を確保していたとしても、ほかの少数株主には、さまざまな権利があります。たとえば、取締役は、会社に対し、忠実義務などを負い、忠実義務などに違反し、会社に損害を与えた場合には、会社に対し損害賠償義務を負います。ところが、ある取締役に忠実義務違反があっても、その取締役がたとえば会社の実権を握っている場合などには、会社がその取締役に対し損害賠償請求を行うことは期待できません。そのために認められているのが、「株主代表訴訟」です。取締役の責任追及を行わない会社に代わって、株主に、責任追及を行うことを認めたものです。1株でも保有していれば株主代表訴訟を提起できます。そのため、3分の2の株式を確保していたとしても、少数株主による株主代表訴訟をおそれ、思い切った経営判断を躊躇してしまうかもしれません。

また、少数株主が、たとえば、帳簿閲覧権（3％以上の株式を保有する方に認められる権利）などを行使し、粗探しをするおそれがあります。現状、敵対的な態度を示していない株主であっても、なんらかの出来事をきっかけとして豹変して敵対的な株主となるおそれがあります。敵対的な株主が弁護士を付けて少数株主権を最大限に行使してくる場合もあります。そのため、3分の2の株式を確保していたとしても、少数株主への対応に多大な労力を割く必要が生じるおそれもあります。

皆さんの会社では、自社の株式の譲渡について、たとえば、取締役会の承認を得るなどの制限を設けている会社が多いと思います。このような制限を設ける趣旨は、会社にとって望ましくない方が株主にならないようにするためです。株式の譲渡に制限を設けている会社において、少数株主がいる場合には、少数株主が豹変し敵対的な株主になってしまわないか、あるいは将来的に会社にとって望ましくない方が株主になってしまわないか、などについて改めて検討し、少数株主の排除などを検討してもよいと思います。株式の特定の方への集中（少数株主の排除）につきましては、「相続テクニカル・コラム⑦ 株式の特定の方への集中」のコラムもご参照ください。

◆所在不明株主

名義株と同様に解決しておくべきものとして、所在不明株主の問題があります。

会社法では、所在不明株主に対する対策として、5年以上会社からの通知等が到達しないときなどには、その株主の株式を競売などで売却することができる旨定められています。ただ、事業承継を要する場合には5年の期間が長すぎるため、「中小企業における経営の承継の円滑化に関する法律」では、その期間が1年に短縮されています。

所在不明株主の問題の解決にあたっては、弁護士などの専門家にご相談ください。

（弁護士　長原悟）

申告最終日まで強硬な父に、税理士団は申告辞退

父は決して自分の主張を変えることはありませんでした。何をどう言っても、ただただ「弟の財産は全部俺のもの」と、けんもほろろ、取りつく島もありません。ただただ大きな声で自分の言い分を繰り返すだけです。

弟はとにかく質素倹約を旨として、部下とも下請け業者とも割り勘で食事をするような性格でした。父や私とはまったく逆、母の質素倹約が遺伝したかのようでした。そうして貯めた弟の財産なのです。

「弟の質素倹約はあなたも知っていたはず。それでもそんな理不尽なことを言うんですか！」――私がそこまで言うと、父はやっと弟の倹約の努力を認めたのでしょうか、現預金などに関しては、なんとか主張を取り下げました。

しかし、自社株についてはまったく譲りません。弟が（私も）毎月の給料から天引きされる形で支払って、自分のものにした自社株です。それを真っ向から否定する父

の言動に、私はさすがに腹が立ち、言い合いになりました。

そしてそのまま10カ月が過ぎ、ついに申告の最終日までもつれ込みました。

税理士団が申告ギリギリの最終日、押印のため、会社へやって来ました。

関与税理士から依頼を受けた資産税専門の税理士が、申告のために父がサインするだけの状態にまでしてくれていました。しかし、それでも父は頑固に「株は俺のもの」と言い張っています。

税理士団は、過去にも多くの申告をしてきた国税ＯＢのベテラン揃いです。しかし、さすがに父の態度は腹に据えかねたようです。資産税専門の税理士はついに、「これでは手続きはできません！」と、父に負けないほどの大声でテーブルを叩いて部屋を出て行きました。申告税理士を辞退しようとしたのです。

これを見た父、さすがに「マズい」と思ったのでしょう。「呼び戻してこい」と関与税理士に取りなしを頼みました。

最後になって父はやっと折れたのです。弟名義の自社株は確かに弟のものであり、それは甥が相続する、と認めたのです。

14億円の価値がある自社株を相続した甥には、高額な相続税が課せられました。

配偶者である義理の妹の相続税は100円でしたが、甥に課せられた相続税は4億5000万円ほどにもなりました。もちろん、甥はそんな現金など持ち合わせていません。

幸い弟は、上場企業の有価証券や現金を遺しており、それは妻（義妹）が相続しました。また私は税理士の勉強をしていたことで、会社から死亡退職金と弔慰金を最大限引き出すことを提案しました。

甥は母親から現金を借りる形で4億5000万円の相続税を納付し、その後、母親へは自社株の配当で年払いの返済をすることになりました。

義妹は、息子の相続税納付金のために相続した財産すべてを貸すことになり、無一文同然になったと推察します。甥の4億5000万円の返済は長きにわたることですし、配当は、その後、社長に復帰した父の考え一つでどうにでもなりますから、不安は大きかったと思います。

借金をしなかっただけでもよかったと考えることもできますが、その後に相続した田畑の管理費などもあり、義妹は心細い日が続いたものと思います。

誰もが当たり前だと考えている当たり前の結果に

自社株の3分の1は甥の所有となり、それを**国税に申告し、相続税も納付もしました。**このことで私は心から安堵しましたが、それは父による「相続」のドタバタが収まったからだけではありません。

甥が弟名義の自社株を相続することを、公（国税局）に認めさせたと考えたからです。弟名義の自社株は、父の言うように「俺のもの」などでは決してなく、確かに弟のもの――ということは、**無借金経営になり現金を留保できるようになってきた会社の株式のすべてが父のものではないことを、父が認めたということ、**公にも申告し、問題がなかったことです。このことに安堵したのです。

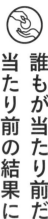

私も毎月天引きされる形で自社株を購入していましたが、今後、父は再び自社株は「全部俺のもの」と言い出すに違いありません。それは明白です。

しかし、弟名義の自社株の「相続」が決着（相続税4億5000万円納付）したことで、自社株については、確かに俺のものだと、言えなくなると考えたのです。

何を当たり前のことを今さらと思うかもしれませんが、私にとっての父は、その当たり前をいとも簡単にひっくり返してしまうほどの存在だったのです。

ところが、父がまた理不尽なことを言い出せば、弟（甥の相続税）の事例を持ち出して反論することができます。税理士も国税局も、私を支持してくれるでしょう。

しかし、この私の期待は幻想だったと、後で思い知ることになります。

そのほんの5年後に父と裁判になるのですが、第一審では、関与税理士までもが、私の主張を支持してくれず、父が全株式を所有していることを意味する陳述書を書いたのです。

私が自社株の3分の1を所有している、という事実、甥が4億5000万円納税した事実を、いとも簡単に、父にひっくり返されてしまいました。その〝事件〟については後ほど触れることにします。

平美都江の相続人＆被相続人心得

権利義務を主張するのであれば
どう全うするか自問自答する

誰もが同じ権利を持つ中
将来を見据えて相続財産を活かす者へ移動させる

大切な人たちのために万が一を考えよ

望まぬ逆縁、死は年齢を超えてやって来る

母が亡くなってから10年後、弟は45歳で事故死しました。母の死でさえ早過ぎると思いましたが、弟はそれよりもずっと若くして亡くなりました。

当然ながら、残された妻も子どももなんの準備もしていませんでした。本人も、まさか自分が突然死ぬとは思っていなかったでしょう。

弟が家族を思う気持ちを考えると、今でも、何かにつけ弟のただ一人の息子である甥のことが気にかかります。甥は今、東京で歯科医をしています。

振り返ってみると、いくつかの教訓が浮かび上がってきます。

一つは、**会社を率いる立場の人間は、突然、自分に何かが起こり、それまでのように会社を経営できなくなることを前提に、たとえ若くとも準備をしておく必要があるということ**です。

弟の場合は事故死でしたが、事故や病気で入院しなければならなくなるということは、誰にとっても十分考えられます。世の中、どこに危険が潜んでいるか誰にもわかりません。

万が一、自分がそれまでのように働けなくなれば、当面の会社の運営を誰に任せるのか。また、将来、社長の座を誰に譲るのか。そしてそのために自社株をどうすべきなのか。自社株を含めて財産を誰にどう配分するのか――これらのことをあらかじめ決めておく必要があります。

そうすれば相続でもめることはありませんし、何より会社運営上の混乱を少なくできます。

後継者となるべき人間が自社株を相続すれば、意思決定をしやすくなり、会社をうまく運営していくことができるでしょう。

逆に何もしなければ、つまり後継者をはっきりと示すこともなく、自社株の相続についても何も決めていなければ、株を分散させてしまうことにもなりかねません。**自分の一番嫌だと思っていた方向にも進んでしまいます。**

たとえば、亡くなった私の弟は、自分が質素倹約して蓄えた自分の財産を、父親が自分のものだと言い張り、妻や一人息子がどうすればいいか困り果てるのを一番嫌っていたでしょう。そう考えた私は、そのことを父に向かって声高に言い張りました。

会社からすれば、将来、会社の意思決定が難しくなり、運営上の混乱をも招くことは、最悪の事態です。さらに、もっと言えば、会社が分裂してしまうことにもなるでしょう。

現在は、遺言書を作ることは簡単になっています。弁護士や司法書士、行政書士に相談しながら、**経営者ならば自分の家族のためにも正式遺言書を作っておくべきです。**

あらかじめ「死亡退職金制度」の整備を

今回の件から得られるもう一つの教訓は、会社ではあらかじめ「死亡退職金」も含めた「役員退職規定」を作っておくべきだ、ということです。

幸い、弟は現金も遺していたため、甥に課せられた高額な相続税は現金で支払うことができました（実際には、前述のように株以外の財産を相続した義理の妹〈甥の母親〉から現金を借りて、相続税を支払いました）。それには、会社から出した死亡退職金および弔慰金も大事な原資になりました。

しかし、一般には現金がないゆえに、せっかく相続した土地を売ったり、株を手放さざるを得なかったり、それでも不足して借金をする……。そんな話はあまりにもよく耳にします。

〝まだ早い〟、〝そのうち考える〟では遅すぎます。45歳の弟でも死は突然訪れたのですから。

「相続」の納付には現金が必要です。たとえ土地を相続しても、あるいは株を相続しても、よほどの事情がないかぎり、相続税として〝物納〟することはできません。

現金を得る一つの手段として一般的に存在するのが、会社の「死亡退職金」の制度です。会社はそれを損金として処理することができます。

受け取る人が相続人であれば、死亡退職金および弔慰金に対しても相続税は非課税になります。しかし、非課税限度額があり、高額すぎれば、全額が非課税の対象となるわけではありません。

当時の私たちの会社には「死亡退職金」を定めた規定はありませんでした。しかし、私がかつて相続税の勉強をしたときのテキストに、死亡退職金の規定がなくとも、死亡者の年齢や業界の水準などを考慮して、常識的な額を会社から経費として出すことができる、かつ、相続人には業務中の死亡弔慰金だと非課税額が給与の36カ月分までは認められる、という旨の記述があったことを思い出しました。

そこで申告をしてもらう税理士に相談したところ、**国税局に認められるのは、死亡退職金との合算でも給与の14カ月分まで**だろうと言います。それ以上は、会社の損金としては認められず、相続しても全額非課税とはならないで、なんらかの税金がかかるというのです。

やむなく14カ月分を「死亡退職金および弔慰金」として会社から出しました。甥に課せられた4億5000万円の相続税には遠く及びませんが、大きな足しになったはずです。そして、このことで言えることは、会社に現金があったから出せたということです。

経営者であれば、たとえ若くとも自分に万が一のことがあったときのことを考えておくべきです。私は今もこう強く言い続けています。というのは、この後、父についてまさにこの問題に直面するからです。

父はこの後、社長に復帰しました。弟という重しが外れ、以前よりなおいっそう独裁者のように振る舞い、「会社閉鎖」への道をまっしぐらに進みます。お客さま、従業員、仕入先、下請けの関係会社、そしてそれらの多くの家族を地獄の底へと連れて行くことになりました。

病気が原因で、通常の判断ができなくなったのです。

相続テクニカル・コラム⑤

「死亡退職金制度」と共に「弔慰金」の制度も整える

相続税の納付で必要なのは現金、現金が一番重要だと美都江氏は何度も書いています。

その現金確保の助けになるのが「死亡退職金」です。

「死亡退職金制度」をあらかじめ会社の退職規定として定めておけば、相続税の非課税限度額を超えても、「功績倍率」として乗じた額を「死亡退職金」として出すことができます。このとき、相続税限度額以上は課税されるものの、納付金の大きな原資にはなります。

もう一つ、万が一のために役立つ制度が「弔慰金」です。

業務中の事故により亡くなった場合、弔慰金は月給の36カ月分を出すことができます（業務外では6カ月）。

いずれも右記の額まで経理上、会社の損金として計上することができます。

ここで一番注意を要することは、会社としては損金にできて法人税の節税になりますが、相続税としては非課税枠を超える分があるということです。

また、重要なこととして、法人の損金にするためには、「死亡退職金」「弔意金」共に、あらかじめ会社の制度として整備しておくべきで、規定を設けていない場合には、法人の損金にできない場合もあることを知っておかねばなりません。

万が一のとき、「死亡退職金」と「弔慰金」は遺族にとって相続税の納付の足しになるだけでなく、その後の生活の維持に役立てることができます。

（税理士　島田二郎）

相続テクニカル・コラム⑥

遺言

後継者に対して、自社株を相続させたいと考えている方は、遺言を作成しておくことが望ましいと考えます。また、遺言は、何度でも変更できますので、いたずらに重いものと考える必要はありません。状況は変化しますので、その時点その時点においてベストな内容を遺しておけばよいと思います。

遺言について、寿命が近づいてきたときに作成すればよい、まだまだ大丈夫、などと考えていないでしょうか。そのようなスタンスでは、万が一のときに、残された後継者、家族、会社をめぐるさまざまなステークホルダーなどに対する責任を果たしているといえるのでしょうか、というのが美都江氏がこの本を通じて一貫して皆さんに問いかけていることだと思います。

なお、「中小企業における経営の承継の円滑化に関する法律」において、遺留分に関する民法の特例が定められました。ご興味がある方は、弁護士などの専門家にご相談ください。

また、超高齢社会の日本において、遺言を積極的に活用してもらおうというのが昨今の流れであり、自筆証書遺言に関し、大きな法改正が二つありました。遺言書保管法によって設けられたのが、自筆証書遺言を法務局に預ける制度で、法務局に預けておけば、偽造されるなどといった心配はなくなります。また、自筆証書遺言について、これまでは財産の目録についてもすべて手書きする必要がありましたが、平成30年の相続法（民法）改正によって、その必要がなくなりました。

なお、遺言は、要式行為であり、民法に定める方式に従わなければ効力がないとされており、自筆証書遺言を作成する場合であっても、法律の専門家にご相談されることをお勧めします。

（弁護士　長原悟）

――平美都江の相続人心得

オーナー家、会社を継承する者は
報酬を高くしないと相続できない

現金納付の相続税の不足分は
会社に現金があれば、出す方法がある

第3章

カリスマ経営者の暴走を止められず

創業者の成功体験が限界を極め

父が病気!?
誰も信じられなかった事態が

脳ドックでレビー小体が発覚、本人も周囲も認めず

弟の死後、父は社長に復帰しました。弟の存在というタガが外れたためでしょう、ワンマンぶりは以前よりパワーアップしました。といっても当時、父は71歳でした。さすがに本人も自分の〝後継者〟を想定しておかなければならないと考えたようです。

父が期待した本命が孫、私からすると甥でした。しかし当時、甥はまだ高校生でした。しかも本人は医学関係へ進学したいという希望があり、会社を継ぐとか継がないとか、そのようなことを考えるような段階ではありませんでした。

父は、少なくとも甥が大学を卒業するまでは自分で頑張ろうとしたようです。自分の健康を確認したかったのでしょう。人間ドックを受け、自信を持って経営に挑もうとしました。

しかしその期待とは裏腹に、衝撃的な事実を突きつけられます。レビー小体型認知症の疑いが出てきたのです。検査の一つ、脳のCTスキャンで見つかりました。

検査には会社の人が付き添っていましたが、結果がわかると私が病院へ呼ばれ、担当の医師から、レビー小体の兆候があり、すぐにでも治療を始める必要があると言われました。

驚きました。まさか父が——何より本人が認めません。父の記憶力は相変わらず良く、〝俺のものだ発言〟の財産についての理不尽な主張はさておき、仕事での判断は社長に復帰した直後は的確に思えました。どこかに異変があるとは、本人も周囲の人間も、私でさえ信じられなかったのです。

強盗騒ぎに始まって、「会社が乗っ取られる」まで

レビー小体型の特徴は、幻視や被害妄想があり、身体が思ったように動かせなくなるパーキンソンの症状が出ることです。アルツハイマー型認知症の症状として一般的に知られる物忘れや徘徊などとはまったく違います。

ですから父の場合、私も「いったいどこが認知症？」と思っていたわけですが、しだいに症状が現れ始めました。

ある日夜中に突然、すぐに来いという連絡が家族と従業員数人にありました。強盗に入られたというのです。

しかし、実際に行ってみても、家ではなんの異常も、誰かが押し入ったような形跡もありません。

それでも父は「今も強盗は二階にいる」と言い張ります。恐る恐るみんなで二階の部屋を見にいきますが、誰もいません。強盗騒ぎはそれから数回続きました。

またあるとき、父は部屋中をめちゃくちゃに壊したこともありました。父は、強盗

に備えて木刀を2本、傍らに置いて寝ていました。その日は、置時計の針が動く様子が強盗に見えたようです。置時計のガラスが、部屋中に飛び散っていました。「家の中に警察官が10人いる」と言ったこともあります。「会社が乗っ取られる」とも言い出しました。

前述の通り、父は若い頃、苦労して立ち上げた会社を本当に乗っ取られた経験があります。それ以降、同じ被害に遭わないように神経をとがらせ、めったなことでは取引先を信用しませんでした。こうした過去の経験に病気も重なって、疑い深さが増幅していったように思えました。

被害妄想はさらに激しくなり、「得意先に会社を乗っ取られる」と、頻繁に言うようになり、そしてついに自分の会社を「閉鎖する」とまで言い出したのです。「乗っ取られる」おそれから「閉鎖」を選んだその理屈はよくわかりません。

一方では、「うちが閉鎖したら上場会社が困って土下座して仕事を頼みに来るから待っていればいい」とも言い、それが独自の交渉術であるかのようにも誇っていました。

いずれにしても私には非現実的な決断にしか思えなかったのですが、とにかく一度言い出したら人の意見など頑として聞かない状態が当時の父でした。

そして取引先、それも上場会社の代表取締役に「廃業する」旨、内容証明郵便で送り始めたのです。父は苦労して築いた自分の会社を、本当に自ら閉じようとしていました。

父は「廃業」へと突き進み、反対する私は4対138の劣勢に

私はもちろん反対しました。取引先にとってもいきなり「廃業する」と言われて、はいそうですかとなるわけがありません。

取引先にも多くの顧客がいます。平鍛造が製造する部品の供給がなくなれば、サプライチェーンが分断され、多くの企業、顧客に迷惑がかかることになります。

父が廃業の通知を郵送し始めた頃の景気は最高潮で、月6000トンの注文を、納期遅れなく、不良ゼロで納品していました。そんなことができる代替の会社はなく、

平鍛造が生産ストップとなると、上場会社の購買部は責任を問われます。

そこで、「廃業しないで」と、わざわざ平鍛造まで足を運んでいただいた取引先は、1社や2社ではありませんでした。日本を代表する建機やベアリングメーカーと商社6社が揃って、父に会社の継続を要望してくれたこともあります。

私は「廃業するはずがありません。必ず続けます」と答えましたが、社長である父は「閉鎖」「廃業」を一歩も譲りません。父は「平鍛造をなくす」と、国道沿いの平鍛造の看板を真っ白に塗ってしまうパフォーマンスまでしました。

私は社内で味方を見つけようと、必死に従業員を説得して歩きました。しかし、父は一代で世界的な鍛造メーカーを築いた人間です。その本人が「廃業する」と言っているのですから、従業員は逆らえません。

「俺の言うことに間違いはない、あんな者（私のこと）に付いていったら会社はいっぺんに取引先に騙され、乗っ取られる。閉鎖してもお客は土下座して頼みに来るから心配するな。お前らのことは一生面倒見る」と言う父の言葉に、従業員140人中、139人が付いていきました。

反対したのは、私ともう一人、当時役員をしていた血のつながった従弟でした。

会社での私の立場は、徐々に苦しいものになっていきました。従業員は全員、私から携帯へ電話しても出てくれなくなりました。

しばらくしてもう一人、理解してくれる現場の責任者である役員が加わりました。彼は最初、父に付いていましたが、従業員のトップ、最古参の立場として責任を感じたようです。ずいぶん迷ったようですが、最後は自分を捨て、振り切ったように私に付いてきてくれました。従業員ではありませんでしたが、義理の妹も三分の一の株主の母親として味方に付いてくれました。

しかしたった4人で、最強の父が引き連れている138人の従業員を相手にしなければなりません。多勢に無勢、とても勝ち目はないように思えました。

日ごとに私たちは孤立していきました。父の統率の仕方は、一人でも私に通じる裏切り者が出れば、全員がクビ=解雇されてしまう連帯責任方式でした。手段を選ばないのが父の闘い方です。

〝平鍛造の名前をなくせ〟のピンチが資本関係整理のチャンスに

父は2007年、自分の会社の平鍛造を、父の兄が立ち上げた羽咋丸善や平物産、地元の会社を買い取りした金田建設の3社と合併させ、一つの会社、羽咋丸善としました。

これも父が言い出した「廃業」、つまり「平鍛造をなくす」ための行動の一つでした。父の意図通り、平鍛造という会社はなくなり、羽咋丸善というガソリンスタンドの名前の会社が存続会社になりました。なぜ、名の通った、しかも、自分と一心同体の平鍛造をなくしたのか？　これも、取引先との交渉の一つだったと言っていましたが、まともな判断とは到底思えませんでした。

「廃業」に反対していた私にとっては、すべてが悪い方向へ進んでしまうように思えました。

しかしその一方で、平鍛造がなくなり4社が一つの会社になれば、株の持ち合いで入り組んでいた資本関係の整理をするチャンスかもしれないと気づきました。

4社の株については、旧商法に基づいて設立したとき、父や叔父（父の兄）の法人がお互いに株を持ち合うなどしていたため、合併前は誰がどの会社の株をどれだけ持っているのか、複雑すぎてわからなくなっていたのです。私は常々、それがいずれ大きなトラブルのもとになるのでは、という危惧を抱いていました。

合併を進める手続き上、4社の株は、一つになる羽咋丸善の株へと換えなければなりません。当然、4社の株の所有者が誰なのかをはっきりとさせなければならず、手続きを進めた税理士は、各社の株の所有者を確認して、改めてそれぞれの会社の株の保有状況を明確にしました（図表C）。

ここでは、すっきりと平鍛造の株は、父と私と甥がそれぞれ3分の1ずつ所有していることを、はっきりさせることができました。甥の相続が認められたのと同様、ここでも甥の株の所有も、そして私の株の所有も改めて認められたと思いました。

しかし、後に父はこの事実も否定して、株は「全部、俺のもの」と再び言い出すのですが、少なくともこの時点では、特に後に記した父との裁判において「合併はチャンス」だったことは間違いありません。

図表C　合併前の4社の株の割合

		平鍛造㈱		㈲平物産		羽咋丸善㈱		金田建設㈱	
資本金		100,000,000円		30,000,000円		10,000,000円		20,000,000円	
株主	平鍛造㈱	−	−	13,000株	43.3%	10,000株	62.5%	20,000株	50%
	㈲平物産	4,000株	40%	−	−	−	−	−	−
	羽咋丸善㈱	2,000株	20%	5,000株	16.70%	−	−	−	−
	平昭七	1,000株	10%	8,000株	26.7%	4,000株	25%	16,000株	40%
	甥	1,500株	15%	2,000株	6.7%	2,000株	12.6%		
	平美都江	1,500株	15%	1,500株	5.0%			4,000株	10%
	山田花子	−	−	500株	1.6%				
	合計	10,000株		30,000株		16,000株		40,000株	
	1株当たり額面	10,000円		1,000円		625円		500円	

父が、客先へのパフォーマンスとして言った「平鍛造をなくせ」という発言を、私が「4社合併」にすり替えたのですが、父から疑義を挟まれることはありませんでした。本来は大がかりな力仕事になる経理処理から登記、お客さまへのご案内なども、スムーズに運ぶことができました。

合併経験のある剛腕税理士と新たに顧問契約を交わし、登記は当時、すでに司法書士であった私の長女が担当しました。

この剛腕税理士は、弟が事故で亡くなった当時、私が勉強していた専門学校での知人で、国税三法に合格した優秀な人でした。

以前から勉強していた税法の知識が、このときにも、またその後の経営でも、私にとって最大限の結果を出すためのもととなりました。
会社の株主をすっきりさせておくことは、事業承継など会社にとって重要な場面においては、やっておかなければならないことです。いざというときのために事前にやっておかなければ、時間とお金がかかりすぎるおそれがあります。

――平美都江の相続人&被相続人心得

病気や老化、そして死は避けられない
本当の意味の自覚はオーナーの責務

ピンチの中にも少しのチャンスがある
わずかなチャンスを摑めるのは
諦めなかった者だけ

日頃の勉強から口先だけの無責任で不勉強な専門家を見破る

相続テクニカル・コラム⑦

株式の特定の方への集中（少数株主の排除）

平成2年改正前の商法の時代に設立された会社の方へ

平成2年改正前の商法では、7人以上の発起人が必要でした。発起人は、1株以上の株式を引き受けなければならないとされていましたので、設立時には、7人以上の株主がいました。そのため、平成2年改正前の商法の時代に設立された株式会社では、7人以上の株主がそのまま残っている、という状態になっていることがあります（なお、平成2年改正の商法によって、発起人の数が1人でもよいこととなっています）。

もし、設立時の名残で7人以上の株主のままの状態となっている会社においては、「相続テクニカル・コラム④ 株分散のリスク」で述べたことも参考にしていただき、改めて株主構成などについて検討してみるのもよいと思います。

100％株式譲渡の方法による事業承継

第三者に全株式を譲渡するという方法の事業承継を考えている方は、その事前準備として、100％の株式を取得しておくほうが望ましいです。事前に準備しておかないと、そのときに少数株主の方と意見が一致しない場合には、その時点から少数株主を排除する手続きを取らざるを得ず、その手続に時間がかかってしまって事業承継の機会を失ってしまうことになりかねないからです。

なお、M&Aの局面において、買主は、100％の株式の譲渡を求めるのが基本スタンスになると考えられます。買主にとって得体の知れない少数株主が残ったままでは、「相続テクニカル・コラム④ 株分散のリスク」で述べたような問題が残ってしまうため、１００％の株式の譲渡を求めてくるものと考えられます。

株式の特定の人へ集中させる方法（少数株主の排除）

株式を特定の方へ集中させる一般的な方法は、個人間の売買（集中させる特定の方が少数株主から買い取る）で譲渡することです。税務上の観点からもこのような方法が望ましい場合があると思います。しかしながら、少数株主が売却することを承諾しないかもしれません。また、譲渡価格で折り合いがつかないかもしれません。あるいは、少数株主の数が多く、個別に承諾を得るのに相当な労力と時間を要することが見込まれる場合もあります。そのような場合には、個別の売買交渉以外の方法を取る必要があります。

平成26年改正の会社法で、新たに、「特別支配株主の株式等売渡請求」が設けられました。これは、簡単に言うと、9割以上の株式を有する人が、少数株主の個別の承諾を得ることなく、対価を支払って少数株主が保有する株式を取得することを認める制度です（なお、少数株主のうちの意に沿わない一部の株主が有する株式のみの取得を認めるものではなく、すべての少数株主が保有する株式を取得する必要があります）。

平成2年改正前の商法では、無責任な株式会社の設立を排除するため、7人以上の発起人を要求していましたが、時代は変わり、現行の会社法では、少数株主の存在が会社の運営などに悪影響を及ぼす場合があることから、少数株主を排除する方法が制度化されたのです。

また、「特別支配株主の株式等売渡請求」の要件を満たさない場合であっても、株主併合などのほかの方法によって、株式を特定の方に集中させることができる場合があります。ただし、株式併合の場合も、相当な株式取得代金を負担する必要があります。

このような方法を取ることに興味がある方は、ぜひ弁護士などの専門家にご相談ください。

（弁護士　長原悟）

病気悪化による大暴走で会社は終焉を迎え

父は大晦日に3億円を配り従業員を味方に付け

２００８年の大晦日《おおみそか》には、こんなこともありました。父は何を思ったのか、突然、信用金庫の理事長を呼び寄せたのです。彼は銀色のジュラルミンのケースを抱えていて、そこに納められていたのは、総額3億円にものぼる現金だったようです。

後日、私が理事長に、「大晦日で、信用金庫は休みでは？　いったいどうやって調達したんですか？」と、批判めいた問いかけをしたところ、彼から「何が悪いんですか。あなたにそんなこと言われる筋合いはありません」と、まるで突き放すように言い返されました。

後に、その現金は、街中のATMからかき集めてきたことがわかりました。

この理事長の信用金庫に、父は財産をほぼ預けていました。その信用金庫の利益率が高かったのは、父のお陰というわけです。その父の要望になんとしても応えるのは、当たり前という姿勢だったのでしょう。

父はケースを受け取ると、大晦日の緊急招集に来ることができた従業員一人ひとりに100万円の札束を配りました。自分に付いてくれれば間違いない、待遇に違いが出ることを、最もわかりやすい形で示して従業員を取り込もうとしたわけです。

そして、年が明けた1月5日、会社の仕事始めの日に父はさらに露骨な行動に出ました。

その日、登記上、まだ社長だった私は、一度でいいから従業員に私の方針についてぜひ話をさせてくださいと依頼し、なんとか従業員全員の前で、語りかける機会を得ました。そして会社を続けることを訴えました。

「皆さん、会長の作ったこの会社がなくなるのは残念ではないですか？　リーマンショックで大変なときですが、みんなで、ワークシェアして、協力してやっていきましょう。なんとか頑張りましょう！」

こうスピーチするつもりでしたが、話し始めてまもなく、私は髪を後ろからぐいと鷲摑《わしづか》みにされました。父は髪を摑んだまま私を後ろに引き倒し、マイクを取り上げ、そのマイクで私を殴り始めたのです。

私はこのくらいではへこたれません、父にマイクで叩かれながらも、「もうちょっと話をさせてください」と続けました。

すると父は、私と共に「廃業」に反対している役員二人を指さして、「コイツらをやってしまえ」と言ったのです。

でもいくらなんでもみんな父の言うことなど聞かないはず——そんな常識的な判断はすぐに吹き飛びました。138人の従業員のうち数十人が、いっせいにこの二人に殴りかかっていったからです。

「殺されます、今すぐ来てください！」

さすがに大変な事態だと思い、私は携帯で110番しました。

「平鍛造の3階にいます。従業員が集団になって、私たちを殺そうとしています！今すぐに来てください！」

10台ものパトカーは意外に早く到着しました。

父や従業員も、さすがに私や義妹には、何もしなかったため、義妹は、役員二人に覆いかぶさり、警察が来るまで自身の身体を盾に奮闘していました。

「何やってるんですかあ！」――大声を発しながら、会社の3階の後ろ階段から警官がなだれ込んでくると、さすがの父も「やめとけ」と従業員を止めました。

警察は事情を聞こうと、「責任者は誰ですか？」と聞く一方で、「警察に電話したのは誰ですか？」「今から警察までお願いします」、と言われたので、私たちのほうが警察に行き、事情を話しました。

父がどう言い訳したのかわかりません。警察からは、何度か父と父に従った従業員を取り調べたと聞きましたが、具体的に何か咎《とが》められたわけではありませんでした。この仕事始めの日の騒動など、何事もなかったかのようでした。

父にとっては警察沙汰になったことなど、なんでもなかったのでしょう。「廃業」への意志はさらに強くなる一方で、従業員は、父が「一生面倒を見てくれる」という条件のもと、「平昭七に付いていく」という内容の証文に、拇印まで強要されていました。

この証文は、なぜか、今でも私の机の引き出しに入っています。

それればかりではありません。父は、挙句の果てに、主要取引先に対し、幹部社員に連名で書かせた「平美都江が続けるようなことを言っていますが、我々従業員全員は付いていくことはありません」という文書を送りつけさせました。

そして挙げ句の果てに父は、この1月5日、全株式を持っている一人株主として株主総会を開催、私を登記から抹消し、正式に、「クビ」を宣言しました。

ここまで話が進めば、取引先も、この会社は社長も幹部社員も「廃業」すると言っているのだから、本当に「廃業」するのだろう。平美都江は「いや続ける」と言っているが、解任されてしまったではないか。いずれにしても安心して取り引きが続けられるような会社ではない――そう思って当然でしょう。

実際、文書を受け取った取引先は、仮に私が社長になって会社を再スタートしても、従業員が誰も付いていかないのでは――、経営はもちろん生産は不可能で、ライバル会社へ転注せざるを得ないのでは――と考えたと、後で聞きました。どんどん転注作業を加速させたそうです。

景気が良いうちは、取引先は従来通り自らの製品を作るため、部品を製造している平鍛造に「なんとかやめないでくれ」と言ってくれました。しかし、2008年にリーマン・ショックが起こり世界的な不況が訪れると、途端に、「やめたいならやめろ」とまで言う会社も出てきて、注文数が激減しました。

不況で、建機業界もベアリング業界も、ライバル会社も含めて業界ごと仕事がなくなっていたのです。精度が落ちても、価格が高くなってでも、安定供給できる下請けが一番、と転注したのです。

以後、取引先は、平鍛造に預けていた支給材を引き取り始めました。資材置き場にあった支給材はみるみる減っていき、引き取り条件でもめていた会社のわずかな支給財のみが残っているだけでした。そして2009年、平鍛造はついに廃業しました。

最後の決断は断腸の思い……その手段は「裁判」

二人の税理士の陳述で第一審は敗訴

本当に会社はなくなってしまう。もう会社を救う方法はないのか。

いいえ、まだ一つだけ、方法がありました。私と甥が持っている自社株に望みを託したのです。

私は全株式の3分の1を持っていました。また甥も、弟から相続した自社株3分の1を持っていました。二人分を合わせれば3分の2になります。廃業することを否決し、父を解任させることができる割合です。

しかし、それを父に言ったところで、また「株は全部俺のもの」「全株式を持っている俺の決議は閉鎖」と言うだけでした。

直接の話し合いの段階は過ぎました。

私は、義理の妹から当時東京にいた甥を説得してもらい、裁判を起こすことにしました。裁判で、会社の経営権が株を3分の2所有する私と甥側にあることを認めさせ、会社を存続させるのです。

父は案の定、裁判でも「株は全部俺のもの」という発言を繰り返しました。甥が相続した自社株についても、「あれはニセの申告、全部名義だけ」という言い分でした。あまりにも無理な理屈で、父の言い分は通らないだろうと考えましたが、手段を選ばず叩き上げてきた百戦錬磨の父には、私ごときは大甘でした。父は目的のためなら手段を選ばず、金を使い、二人の税理士に陳述書を書かせました。

一人は、父に、株がまだ安いうちに子ども（私と弟）へ譲ることを勧めた税理士です。彼自身が譲渡を勧めたにもかかわらず、そんな事実はないと陳述しました。

もう一人は4社の合併に携わってくれた私の知人で、私が平鍛造の税務をお願いしていた税理士です。当時、4社の株はお互いに持ち合うなど複雑な関係になっており、それを整理してくれた張本人でした。当然、平鍛造の株は私が3分の1、甥が3分の

1保有していることを前提に仕事を進めたのですが、そのようなことには一切触れず、書類上合併しただけで、実質株主については関知していないと陳述しました。

信じられませんでした。

第一審は、なんと私たちの敗訴でした。

高等裁判所裁判官は資料を精査し熱心に和解勧告

裁判所は、甥の税務申告の事実などを完全無視した父の主張など認めず、私たちの言い分を受け入れてくれるものと信じていました。しかし、そうではありませんでした。百戦錬磨の父には、勝てない。

一人目の税理士は、確かにかつて父と私と弟の前で、早期の株の譲渡を勧めましたし、二人目の税理士は、私と甥が平鍛造の株を保有していることを前提に4社の合併を進めました。ところが裁判では、彼らは自分たちがやってきたことなどまるでなかったかのように、父の主張に合致する、つまり私たちの主張を否定する陳述をしたのです。

私はそれに対して「税理上の免許を返上すべきです」などと感情に任せて陳述しました。しかし、それは効果がなかったばかりか、裁判官の心証はかえって悪くなったようです。

第一審に負けた私は、弁護士に当たり散らしました。本書のテクニカル・コラムと監修をしていただいている長原悟弁護士です。言い合いになり、喧嘩にもなりました。負けた側によくあることらしいですが……。長原弁護士にはよく辛抱していただいたと思います。ただ、第一審の判決が不服だったため、私は控訴することにしました。

私は、長原弁護士との言い争いの中で、2点気づいたことがありました。

1点目は、裁判というものは、一般的に、お互いに虚偽あり、はったりありで、積み上げれば倒れるような量の資料を激しく出し合い、結局、何が真実かわからないのだということでした。

2点目は、当時、長原弁護士とはわずか数カ月前に代理人になってもらったばかりだったので信頼関係も希薄で、私は自分の弁護士に自分の言い分を真から理解してもらっていなかった、信じてもらっていなかった、ということです。

二人の税理士が、私と甥が持っている株が「名義株」にすぎないと言うのであれば、私は、自分の記憶だけで「あのとき、あなたはこう言ったではないか」と述べるだけでなく、私と甥が持つ株は確かに私たちのものであるという裏付けを、株の譲渡や相続の時期、帳簿、そして数字で、詳細に証明する必要があったと、気づいたのです。

そして私は、過去数十年の会社の経理元帳（正式解雇前に私が持っていた鍵で、夜、事務所に入り、持ち出すとができたため）をもとに、私と弟が譲渡金の代金を支払ってきた経緯を理解してもらえる記録をまとめていきました。

そうしていると、大きな助け船も現れました。平鍛造と取り引きのあった大手建設機械メーカー、ベアリングメーカー、商社の計5社が、「平鍛造は日本にとって大切な会社、なくなっては困る、早く再開してほしい」という旨の陳述書を出してくれたのです。いずれも日本を代表する大手上場会社とその子会社です。

一方、父側は相変わらず同じ主張を繰り返すだけでした。

会社の廃業を既成事実化したかったのでしょうか、控訴審までの間にも、父は取引先に対して、「廃業する」旨の文書を内容証明付きで送り続ける始末でした。同じ文書を3回も4回も受け取った会社もあり、そこまですると、さすがに第二審の高等裁判所は父の言動にただならぬものを感じたようです。

私は、父のレビー小体型認知症の診断書も提出しました。

3人の裁判官は、私たちが提出した資料を精査し、親族内の円満解決、つまり早期の会社再興のために金銭的和解を熱心に勧めてくれました。

2009年7月22日、こうして和解が成立しました。忘れもしない和解の日の時間は、日本では46年ぶりに皆既日食が観測された日でした。午前11時頃から約20分間、真っ暗になったのを記憶しています。

当日の易経には、「二つの太陽の一つが沈む」と出ていました。私は、この易と日食を一生忘れることができません。

私は代表取締役として会社に戻れることになりました。同時に、父は引退し、父の持ち株すべてを会社で買い取ることになりました。

父の虚無感、寂しさは、想像を絶するものがあったと思います。私は心の中で、父に詫びたい気持ちでいっぱいでした。心血注いで創業した会社を、我が子に追い出され、二度と会社に入れない和解条件でしたから。

父が持っていた3分の1の自社株の支払いとして30億円、そのほかに、父の退職金として30億円、計60億円を現金で支払うことになりました。父から、父が会社で購入していた金塊を60億円の一部として、すべて売却するようにとも言われました。

こうして会社を再開できることになったのです。

父への申し訳ないという心情が、会社再興に際してどんな苦しい状況も、こんなものはなんでもないことだと、踏ん張れることができた源泉でした。

相続テクニカル・コラム⑧

税務署と裁判所

経営者の方々にとって、日頃の意思決定の際に税務署への申告が通るだろうかと考えることが多々あると思います。同族会社において、その傾向はいっそう強いものと思われます。

そのため、「税務署＝国」という認識から、税務申告を行って税務署（国）から何も言われなければ、そのことが裁判所（国）でも認められるのではとの発想が生じるものと思います。

会社の方々と話をしていて、税務署において認められるのであるから、裁判所においても認められるべきだという論法の話を聞くことがしばしばあります。美都江氏からも、第一審で仮処分が認められなかったときに、そのような指摘を受けました。

しかしながら、我が国において、司法権と行政権とは独立しており、司法権の裁判所が行政権の税務署の判断に追従するわけではありません。たとえば、税務訴訟を考えてみてください。裁判所は、税務署の判断を覆す権限を有し、また、実際に裁判所で税務署の判断が覆された事例も多数あります。

税務署の判断はあくまでも税務署の判断であり、裁判所は、税務署とは独立した機関であり、別の判断を行う可能性があります。

美都江氏の事例のように、お亡くなりになった弟さんの相続税の申告に際して、父上が、未成年のお孫さんの特別代理人になって弟さんに株式が帰属することを前提とした相続税の申告を行い、税務署がそれを受理したからといって、裁判所は、その株が父上のものであると判断できなくなるわけではありません。ただし、父上が弟さんに帰属することを前提とした申告を行ったにもかかわらず、後に、名義株であって自分のものであると主張することは、税務申告時の行動と矛盾することとなりますので、不利な事情にはなります。

会社において重要な意思決定を行う際には、税務面の検討も必要だとは思いますが、法務面の検討を行ったほうがよい場合もありますので、そのような場合には弁護士などの専門家にご相談ください。

（弁護士　長原悟）

崖っぷちから会社を再開
父を送り出せた大きな安堵感と自信も

裁判の間、父はずっと「娘に会社を乗っ取られる」「骨肉の争い」と言い続けていました。もちろんそれは病気（レビー小体型認知症）のためでしょう。しかし、それを聞いている周りの人は面白可笑しく成り行きを見ていたようです。

同時期、大手家具店の父娘の経営権の争いが全国的な話題になっていて、それと重なるのでしょう、以後も私は〝親を追い出した乗っ取り屋〟というレッテルを貼られ続けることになります。

当然です、**乗っ取りではないのですが、親を追い出したのは真実だからです。**

世間に対して、その理由を長々と述べたり、言い訳をしてもまったく役には立ちません。結果を出すだけです。誰からも良く思われようなんて愚の骨頂です。

私が、自分の持っていた自社株の権利を主張したのは、父が創業した会社を守りたかったからです。

父は会社を苦労して立ち上げ、世界一の技術と世界一流のお客さまを持つ会社に育て上げました。しかし、せっかくここまでにした会社を、病気による被害妄想のために「閉鎖」「廃業」すると言い出しました。取引先に文書を送りつけ、実際に仕事はなくなり、会社は一度、廃業したのです。

しかし、私はそんな会社をなんとか続けたいと思いました。「廃業」するの一点張りで私の言い分を聞き入れてくれなかった父でしたが、何年かすれば、会社があって本当によかったと思ってくれるはず――私はそう信じて、あえて父を相手に裁判を起こしました。

「骨肉の争い」と言われようが、「人でなし」と言われようが全然かまいませんでした。

父への支払いは、非常に大変なことでしたが、これもまた私にとって、良い経験になりました。というのは、大変な思いをしつつも「現金で支払えた」という事実、実績が、私に深い安堵感をもたらしてくれたからです。

父の自社株の代金を現金で支払えたことで、父の相続財産がどれほどの金額になるかを、ほぼ明確にすることができました。

これまでは相続税のことを考えるだけで胃が痛みました。なぜなら、**自社株の価格**

が相続時（つまり父が亡くなった時点で）、いくらになっているのか。そして相続税を現金納付できるのか。それが不安で仕方なかったからです。不明であることが一番不安で怖いことと、読者の皆さまも思いませんか？

企業は50年で潰れるといわれます。また、金持ちは三代で財産をなくす、とも。相続のたびに莫大な相続税を支払わなければならず、その工面のために土地や株を売却し、三代で売り切ってしまうという意味です。なくすだけならばまだ良いのですが、負（マイナス）の遺産＝借金だけが残るケースも多々あります。

私が支払ったのは相続税ではありません。中小企業とはいえ一代で世界に名をとどろかせる企業を築いた人間が引退するにあたって、その功績を現金という形で手渡すことができた。その事実は私に大きな自信と安堵感をもたらしてくれたのです。それも、父からの申し出の金額でしたので。

その後も私は、経営でも相続でも「現金」が最も重要だという認識を深めていくのですが、父への支払いは、その最初の象徴的な出来事になりました。

父が元気なうちは工場を廃墟にはできない。その一心でなりふりかまわず裁判をし、営業を再開しました。会社をなくさないという大きな責任を一つ、果たすことができたのです。

――平美都江の相続人心得

困難なときこそ人のせいにせず
自分自身に原因があると考え不足点を探す

言い訳せず結果を出すことが最大の説得

第4章

まったく想定していなかった成年後見制度

病気の親の
尊厳を守る方法は？

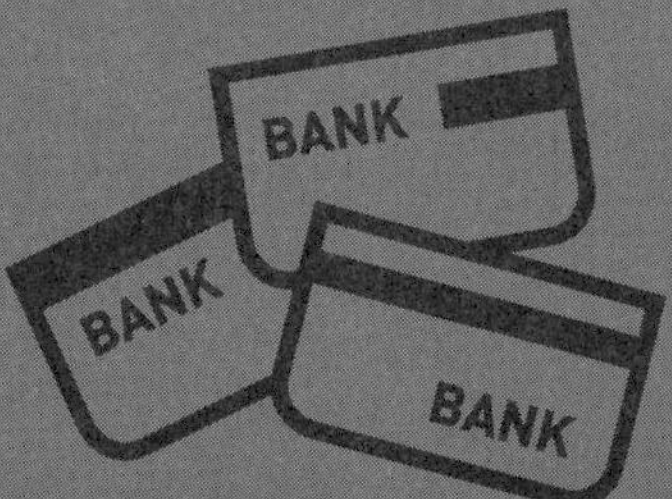

父は農業でもものづくりの真骨頂を発揮

最難関リンゴの無農薬栽培に挑む

父はその後、従業員25人を引き連れ、新たな事業を起こしました。農業です。平農林株式会社を立ち上げました。

平鍛造が買い取った株式代金30億円と退職金の30億円、さらにそれまで貯めていたお金を合わせて、ゆうに100億円を超える現金を持っていたはずです。

悠々自適の引退生活が送れたはずですが、平鍛造を創業し、とにかく創造的に働いて世界的に技術が認められる企業にした男です。何もせず黙っていることに耐えられるはずがありません。

農業というまったく未知の分野に踏み込んだかと思うと、そこでも徹底的なこだわりを見せました。リンゴの無農薬栽培で超一流の仕事を目指したのです。

青森の自然栽培リンゴで、木村秋則さんのことは皆さんもご存じと思います。絶対に不可能とされた自然栽培のリンゴに成功した人です。その半生は書籍『奇跡のリンゴ「絶対不可能」を覆した農家 木村秋則の記録』（幻冬舎）にまとめられ、映画にもなりました。

父は、その木村さんに勝つと、挑戦したのです。

当時、羽咋市が始めた自然農法のプロジェクトで木村さんが招かれたことがありました。そこで話を聞いて触発されたようです。

父は土地神話を信じ、工場拡張のため、土地を買い続けていました。

それは、会社の周囲が農地法の規制で、法人が農地を取得・保有できず、個人で田んぼを所有していたためです。

リンゴ栽培を始めると決意すると、それを埋め立てて果樹園に変えました。そして自ら青森まで出向くと、１００本単位のリンゴの成木を手に入れました。

リンゴの栽培は、本来ならば苗を植えて育て、何年もかけて育成していきます。しかし父は、自分にはそれほど時間が残されていないと悟ってか、最短で、最良のものを作ろうとしたようです。

やると決めたら、徹底的にやります。自ら考え抜き、あらゆる技術を試し、磨き、誰にもマネできないほど高水準のものづくりをやり遂げます。そのこだわりと探究心、そして勢いのある行動は恐ろしいほどです。

このときも大量の成木を手に入れると、延べ3ヘクタールに及ぶ畑に次々と植えていきました。平鍛造の周辺の父の土地は、あっという間に果樹園に変わっていきました。

それだけのことをした成果はありました。わずか2〜3年後にはリンゴの実が生ったのです。

リンゴの出来は青森の名人超えと評価され

25人の従業員たちは、やったこともないリンゴ栽培の仕事を、しかもいきなり無農薬ということで面食らったと思いますが、いつもの通り、自ら現場に出て具体的に指示をする父の言う通りにやればよいだけです。

鍛造でもリンゴでも、**父は、一番重要なことは人に任せず、必ず自分で考え、自ら最前線に立ちました。その教えを私にも厳しく指導したことで、私自身もその教えを守り、結果を出し、業績を残すことができました。**

〝なぜおばちゃん社長シリーズ〟の3冊でも、中小企業経営の根幹だと書きました父の教えの一つです。

青森の木村さんは何年もかけてリンゴの力を引き出し、自然栽培を成功させました。同じことが2～3年で、できるわけがありません。農薬を使わないリンゴには大量の虫が群がり、従業員たちはそれを手で除去するのに追われたと聞きます。

父にはそれができたのです。2年目にリンゴは実をつけ、3年目になると、見るからに立派でおいしそうなリンゴが数多く生ったのです。

2012年11月7日付けの『北國新聞』では、父のことが取り上げられています。父は所有する山林から樹を伐り出して砕いてチップにし、木の葉に見立てて果樹園に敷き詰めたとあります。そのような独自の工夫により、無農薬栽培に挑戦したのです。

記事では「……虫が付きやすいリンゴを無農薬で栽培するのは無謀との専門家の見方を覆し、今年は5000個を収穫する見込み……」と、父の真骨頂ともいうべきその創造的方法と、誰もが驚く成果を伝えています。

5000個ですよ、5000個！　農業用保冷庫には収穫されたリンゴが山のように保存されていました。

私は後に父の看病の最中、このリンゴを食べました。いまだかつて食べたことのないような、自然が凝縮された味でした。父の凄さを感じました。

記事では、できたリンゴを調べるため、収穫した「つがる」と栽培した土壌を本場の青森県薬剤師会衛生検査センターに送り、そこで農薬が検出されなかったことも『北國新聞』で伝えられています。「安全・安心」のお墨付きを得られたわけです。

また、リンゴの商品としての品質は、本場、青森で作られるものをもしのぐほどだったという話も耳にしました。

父はリンゴのほか、桃やブドウも栽培しましたが、どれも超一級品でした。試行錯誤を繰り返しながら、考えて考え抜き、形にしていく父の「ものづくり」手法は、農業でも発揮されたのです。その情熱、執念は、以前と変わらないものでした。

これがレビー小体で会社を混乱させた人間ができることなのでしょうか？　レビー小体型とは、どんな病気なのか、いまだに理解不能です。

しかし、その私の認識の甘さ、知識のなさが、父を守れなかった原因となったのです。

〝やりたいことをやっている父に安心〟が大間違い

農業分野でも「ものづくり」の才能と情熱を見事な形にした父でしたが、私のような普通の人間には理解不能なことに見えて、いまだに意図が不明です。

父が始めた農業は、立派なリンゴをはじめ、おいしい果物が次々と育ったものの、その間の売り上げはあえてゼロとし、実った果物は、知り合いをはじめ、周囲の学校や保育所、老人施設に配るだけでした。父は販売のことは、一切考えていなかったようです。収穫した果物をどうするつもりだったのか、聞かずじまいになりました。私のような器の小さな者には、意図がわからないのです。
また、月給100万円の従業員に支払う給与計算にもまったく無関心でした。父にとっては、立派な果物を「作る」ことが目的であり、最大の喜びだったのでしょう。また、自分が生きている間は自分の能力の高さを、鍛造以外でも見せつけたかったのだと思います。

現在、私はまったく同じ心境にあり、当時の父の気持ちが嫌というほど理解できます。フリーランスとして、自分の能力を試している最中です。

質の高い製品ができれば、それで経営が成り立つわけではありません。また、農業と工業とはまったく別物です。

今まさに私は、父から農地を相続して農業法人の経営をしていますが、農業で利益を出すことがいかに大変であるか、嫌というほど実感しています。現時点では、何をやっても失敗続きで、利益の目処は、一切立っていません。

いずれにしても会社としてはいろいろ問題がありましたが、少なくとも当時、父は自分のお金でやりたいことをやっており、私はとやかく言う立場ではありませんでしたし、逆にやりがいを見つけている父を遠くで見ていて大変嬉しく、さすがだなと改めて思っていました。

農業という新しい分野に、苦労して築いた多額の財産を惜しみなく投入して、「ものづくり」において存分に自分の才覚を発揮できている父に、感心するばかりでした。

平鍛造でも、創業からの20数年間は生産量と高い技術を追い求めて設備投資を続けました。その間、利益は出せませんでしたが、倒産させることはなく、鍛造業界で、着実にシェアを増やしていき、ついにはトップシェアを取るまでになりました。

そんな偉業を、農業の分野でも成し遂げているのだなと思って父を見ていました。

父は自分自身で完璧な看病態勢を構築

「美都江」対策の監視カメラとサイレンで近づけず

私が心配だったのは、父の病気の進行です。

特にレビー小体型認知症は、精神面において、ないものが見える幻視や被害妄想の症状が現れ、身体面では、身体が思ったように動かせなくなるパーキンソンの症状が出てきます。それが交互に出る特徴があります。また、進行がそれほどでもなく穏やかになったと思っていても、急に進行が早まるなど、症状の波が激しいことでも知られています。

父は、裁判の前後に、私に「殺される」とか「財産を全部取られる」というようなことを周りの人に言っていました。また、自宅には何台もの監視カメラを備え、モニターで監視していました。私が近づいたら「鳴らせ」と周りの人間に命じていた地域防災用と同等のサイレンは、裁判後もそのまま設置されていました。

私は父親の病気を心配する気持ちしかなかったのですが、父のほうは相変わらず病気が原因で、私を遠ざけたかったようです。

父とは日常的に顔を合わせることはなくなり、父の様子については、近所のかかりつけ医の先生や、出入りの業者さんから時々、聞いていました。

病気を心配していましたが、ドラマで起こるような事件が父に起こるなどとは想像もしていませんでした。

25人の従業員をはじめ、周りの人が父をしっかりとサポートしてくれている。また時間が経てば、きっと父が私を呼んでくれると、私は信じていました。

お盆に母の墓前でばったり遭遇

こんなこともありました。

父が農業を始めて数年経った頃のことです。8月のお盆に私と娘、そして娘の結婚相手の3人で母のお墓参りに行ったとき、そこでバッタリと父と出会ったのです。そのとき父は車いすに座り、数人の従業員が汗だくで担いでいました。墓は、山のてっぺんにあります。

私と父は、普通以上に話すことができました。「こんな偶然に会えたのは、母が引き合わせてくれたのかもしれない」と、父はとても喜んでいました。

もう裁判のわだかまりはなくなった。私にはそう感じられるほどの嬉しそうな父の満面の笑みでした。

その後、私たちは父の屋敷へ招かれ、ごちそうになったのが、無農薬で育てたリンゴジュースでした。父と気兼ねなく話ができたこともあり、本当に、おいしく感じました。実際、おいしい。

父は機嫌がいいときにはいつも面白いことを言う人で、その日も初めて会う長女の結婚相手に冗談を連発して、少しお調子者なところがある後の長女の夫も「リンゴジュース乾杯！」などと合わせたりしていました。

私は帰り際、父に付いていた従業員の人たちに、「よろしくお願いね」「何かあったら必ず連絡してね」と頭を下げ、その場を後にしました。みんな「わかりました」と言ってくれました。

かつて平鍛造で働いていた人たちです。裁判では当然ながら父に付き、やはり私に対してなんらかのわだかまりがあるのでは、と思っていましたが、そんなことはみじんも感じさせない対応でした。

父やその従業員とは、また前のような関係に戻れるのかな、と思えて少し安心できました。

後から思えば、病気が治るはずもなく、病気は悪化するのが当たり前、自分が何も考えなかったこと、ここで気を抜いたことなどが、最大最悪の失敗の種だったのかもしれないと悔みます。なぜなら、またもや大事件が起こったからです。

元の部下に「会いたい」と連絡してきた父は

お盆に父と会えたその年の秋になり、再び父から連絡が入りました。平鍛造の従業員二人に会いたいというのです。

二人は、父が平鍛造の「廃業」を叫んでいた頃、私と共に反対に回った数少ない従業員（役員）でした。裁判では私の側に付き、父にとっては〝敵〟だったはずですが、その二人に、父は来てほしいというのです。

やはり、父はもう裁判にはこだわっていないのだなと改めて思いました。むしろ私が心配だったのは、声をかけられた二人の心情でした。

というのも、二人は私と共に「廃業」に反対したため、当時は父から相当いじめられていたのです。

私は「あんなにひどい目に遭ったのに大丈夫？」と、聞いたのですが、二人は父のことを恨んではおらず、むしろ「会長（父のこと）に会いたい」「ずっと会いたかった」と何度も口にします。思い起こせば、最古参で、父と一緒に住んで鍛造を勉強していた時期もあった二人でした。本気で病気を心配してくれていました。

それならば、なんの問題もありません。

二人が屋敷に行くと、父も喜んだようです。そして意外なことを二人に頼んだというのです。「ずっと俺のそばにいてくれ」「夜、毎日ここに泊まってくれ」と。

父は、「みんなが俺の金を盗む」「俺の金がどんどんなくなる」とも言ったそうです。自分の従業員たちが信じられないのでしょうか。被害妄想がひどくなったのでしょうか。一方で私は、誰か本当に盗んでいるのかも、とも思いました。

いずれにしろ、二人は快く了承してくれ、その日から父の屋敷に毎日泊まってくれました。月曜から金曜までは会社がありますから、日中は働いて、その後父の所へ行きました。土日も寝泊まりでは、家に帰れません。さすがに大変なことです。

私は「本当に申し訳ない。家に帰って眠らないと疲れが取れないね」と労いましたが、二人は「大丈夫、大丈夫」と言って、嫌がる様子も見せませんでした。

私へは「お前、帰ってくれるか」と猜疑心を露わに

父が望んだことだったのですが、二人の好意は本当に嬉しく感謝しかありませんでしたが、私はさすがに土日だけは家に帰してあげたいと思いました。

そこである日、私は父のところへ向かいました。金曜の夕方だったと思います。二人を帰して、代わりに私が泊まるつもりでした。

その日も父は　二人と楽しそうに談笑していました。私が突然顔を出したことで、父は驚いたようでしたが、それでも、自然に3人の中に入ることができました。

父は若干ですが、聞き取りにくい発音になっていました。パーキンソンの症状の一つです。それでも楽しく話をしていたので、それほど病気は悪化していないな、と思いました。しかし、1時間ほど経った頃、父は私に向かって突然、「お前、帰ってくれるか」と言ったのです。

「どうして？　私は泊まるつもりで準備してきたんですけど」と、二人の負担の重さ

に触れようとしましたが、父はそんなことは聞く気はないようで、「俺、1秒でも長く生きたいから、お前がそばにいると危なくて眠れない」と言うのです。驚きました。それまで普通に談笑していたのですから。

二人も驚いて、「会長、何言っているんですか。社長（私のこと）はずっと会長のことを心配していたんですよ。『どうしてるかなあ』『大丈夫かなあ』『会いたいなあ』っていつも言っていたんですよ」と言ってくれたのですが、父は「美都江が怖い、殺される」と、聞き入れてくれません。

私は自分の悲しく残念な気持ちよりも、父が被害妄想にとらわれ、そこから抜け出せない辛さを思い、胸が塞《ふさ》がりました。ですから「わかった、わかった。じゃあ私、帰るね」と引き下がり、二人には「悪いけど、今日もお願いね」と言って、父の家を後にしました。

二人は、「大丈夫です、自分たち泊まりますから」と言ってくれました。「気にしないでください」とも。

しかしその後、二人から、父に「お前たちも帰れ」と追い出されたと連絡がありました。

父は、私が自宅に突然、顔を出したことで、二人も私からなんらかの指示を受けているように思ったのでしょうか。たとえば、私が父を殺すように二人に命じているとか……。

その日から父との接点はなくなりました。私だけでなく、二人にもまったく連絡がこなくなり、文字通り音信不通となったのです。

他人が肉親と連絡を取らせない異様なことに

「このままでは殺されてしまいます」と内部通報

父の家から追い返されたことで、私からは、再びまったく連絡を取らなくなりました。父の病気の進行は確かに心配でしたが、病気の症状の一つである被害妄想に関して調べれば調べるほど、ほかの人には見えないものが見えたりする恐怖は、ほかの者には理解できないことがわかりました。それを考えると、私からの連絡や接触は避けざるを得ませんでした。

何かあれば、父の世話をする人が必ず連絡を入れてくれるので、私はそのときに駆けつければ良いと、深刻には考えていませんでした。

また、看病の態勢についても、父に病院に呼ばれたとき、父を世話している従業員たちの顔ぶれも見てきましたから、特に心配していませんでした。元の従業員が悪者に変わることなど想像だにしなかったのです。

父は自分が雇っていた25人の従業員のうち、農業に10人を、15人を自分の看病のために割り振っていました。

15人のうち事務員は3人、残りの12人が6人の二つのグループに分かれ、2交代制で24時間、父を看病していました。

それだけ手厚く世話をする人間がいれば、父は不自由することはないでしょう。悪意さえ抱かなければ。

その15人の中には、創業直後から経理を担当していた女性もいました。その人は信頼でき、父に何かあれば必ず知らせてくれると私は考えていました。

以前、父が「みんなが俺の金を盗む」と言っていたことだけは、少し心配でしたが、それも病気による被害妄想だと思うようにしていました。父の病気がもっと進んだ状態を自分なりに想像し、それまでに起こり得るあらゆる事態に備えているつもりでした。

たいていの問題には対処できるはずです。もし、大きな問題が起こるとすれば、それは私の想像を超える、とんでもないことに違いないと、漠然とした不安は残っていたのですが、2年後、それは的中してしまいました。

ある日、父の従業員の一人から電話が入りました。

夕方の5時前後だったと思います。父の病状について報告してくれるものと思っていましたが、初めから雰囲気が違います、嫌な予感がしました。

いきなり、「このままでは社長（父）は殺されてしまいます」と言うのです。

私が想像していた問題とは、ほとんどがお金のことでした。しかし、そうではなく、父が殺されるというのです。私は言葉を失いました。すぐに父が入院している病院の特別室へ駆けつけました。

特別室の異様な雰囲気――その看病人たちは

そのとき父は、誤嚥《ごえん》性肺炎で入院していました。食べ物や唾液が飲み込めずに気管に入って生じる肺炎です。高齢者にはよく見られる病気ですが（厚生省「令和3年 人口動態統計」では全死因のうち6位）、病院の治療に間違いでもあったのでしょうか。いえ、そうではありませんでした。

病室では、従業員が24時間、交代制で父の面倒を見ているはずです。大事に看病されているとばかり思っていましたが、私には、そうは思えませんでした。

そのときも確かに6人の従業員が病室に控えていましたが、ベッドの横で父を見つめていた一人以外は足を高く上げてソファーで寝ていました。父が目を光らせることができなくなったことをいいことに、サボっているように見えました。

私の突然の訪問に驚いた様子で、どこか取り繕った態度でした。

私は平静を装って父に「みんな良く看病してくれている？」と聞くと、父は「お前か、来てくれたんか？　良くしてくれている」との答えでした。しかし、私はただならぬものを感じ、これはもう誰がどう言おうと、絶対に自分で看病しなければと心に決めました。

しかし、その翌日に中国への出張を控えていたため、そのまま何もできずに帰らなければなりませんでした。

翌朝、私は朝一番の飛行機で中国に行って商談を行い、その日は宿ゼロ泊で帰国しました。そしてそのまま空港から病院へと直行しました。途中、電話をして娘夫婦と合流しました。

病院へ着いたのは夕方の5時半ぐらいだったと思います。ちょうど病院の玄関から見覚えのある6人の従業員が出てくるところでした。父の日中の看病を終えて、帰宅するところだったようです。

その中の一人が高笑いをしています。その高笑いに私は我を忘れました。電話で聞いていた内容が疑いようもない事実だと、一気に頭に血が上ったのです。「この野郎!」と叫び、もみ合いになりました。

もらってくれと言うので「500万円を口座から引き出し」懐へ

私は、「社長が殺されてしまいます」という連絡をくれた従業員を通して、いろいろ話を聞いていたのです。

高笑いしながら病院を出てきた男を、Sと呼ぶことにしましょう。

父はレビー小体型認知症を患ったため、精神面では幻視や被害妄想が現れ、身体面ではパーキンソンの症状が出ていました。

2年前、母のお墓参りで偶然に会ったとき、父はすでに車いすで生活していました。その後、たびたび誤嚥性肺炎を起こして入退院を繰り返すようになり、車いすとベッドで過ごす時間が多くなっていました。

言葉が少しずつ不明瞭になっていきましたが、看病で長時間、父と過ごしている従業員は、父の要望が理解でき、また、先に尋ねることで気を利かせる役割を担っていました。Sもその一人でした。

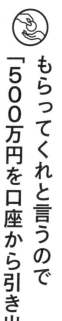

しかし、Sはそのことを悪用したのです。極力、自分だけが父のそばにいるよう仕向け、別の人が来ると、必ず父との間に入って〝通訳〟の役を買って出るようになりました。言葉巧みにほかの者を排除し始めたのです。

Sは、毎日昼になると、「自分が社長（父）を見ているから、ほかの者は食堂で昼食を取ってきていいよ」と言うようになりました。ほかの看病人への配慮に見えましたが、どうやら父と二人だけになりたかったようです。

そんなことが続いたある日、Sは、経理の女性に、父の口座から500万円を下ろしてくるように言いつけました。

Sは、父とSが二人だけのとき、父から「一生面倒みてくれよ。お前には、500万円もらってほしい」と、言われたというのです。Sは何度も断ったのだけれど、父が納得しないので承諾して500万円受け取ることにしたと。そこで経理の女性に金を下ろすように指示した、というのです。

500万円は大金です。ATMで数十万円を下ろすのとはわけが違います。本来ならば、父が自分の印鑑を持って銀行に出向いて下ろさなければなりません。

しかし、父は、自ら銀行へ出向く人ではありません。元気なときから、自分の代理としてその経理の女性のサインで、大金であっても口座から自由にお金を下ろせるようにしておいたのです。

経理の女性は、Sに言われるまま500万円を下ろし、彼に渡す——そんなことが数回も続きました。Sはこのようにして数千万円を手に入れていました。そして、この女性に、このことはほかの従業員に言わないようにと釘を刺していたのです。

給料100万円プラス毎日5万円の慰労金支給

首を傾げるような話は、ほかにもありました。

父の看病に携わっている従業員には、毎月の給料として100万円が支払われていましたが、給料のほかに、看病する従業員のうち日勤社員のSを含む6人だけに、毎日5万円が支払われていたというのです。

6人に毎日5万円ですから、これだけでも、毎日30万円の出費があったわけです。

Sが指示する臨時の引き出しも加わったことで、父の口座からは給与とその手当だけで、毎月3000万円を超える金額が引き出されていました。いくらなんでも多すぎます。

ですが、父がこのようなことを自ら望み、指示をしている可能性もあるのです。

以前、まだ健康なとき、父は出かけるときはいつもポケットに札束を入れ、何かにつけて誰にでもチップを渡していました。また、「お礼」だとか、「久しぶり」とか、「頑張れ」とかで、知人たちにポンと数百万円を渡したこともあります。

裁判和解の次の日、「美都江が社長になり自分は会社に戻れないことになった。付いてきてくれたのに申し訳なかった」と、全従業員に1キロの金の延べ棒を配ったこともありました。当時の価格として一本240万円（2023年1月現在は約870万円）ほどでした。中にはそれを10本以上受け取った者もいます（贈与税を納めなければならなかったことは言うまでもありません）。

同じお礼でも父のお礼はケタ違いでした。それを当たり前と思っているのか、気前の良さを見せつけたいのか、確かな何かの目的があるのか、器の小さい私ごときには一生わからない父の振る舞いぐせがあったのです。

それにしても、Sへ500万円を渡し、しかもそれが何度も続いているという話は度を越えています。前にも触れましたが、Sに出しているお金について、Sが、経理の女性に対し「誰にも言うな」と釘を刺していたことからして、明らかに何かを企んでいるとしか考えられないのです。

――平美都江の相続人心得

お金を持っていれば安心というわけではない

病人の看病・看護報告は肉親が直接する

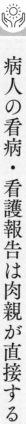

親の終焉に際しては最後まで尊厳を模索する

明らかになった一人の悪業

銀行へ抗議するも預金の引き出しは止められず

父の周囲で起こっていることを察知し、私の中で疑念は膨らんでいきました。

以前、父がかつての従業員二人に「俺の金が盗まれている」「金がどんどんなくなっている」と訴えていたことを思い出しました。そのときは、てっきり父の被害妄想だと思い込んでいましたが、Sに関するこのような話が耳に入ってくると、本当のことだったと、思えてきました。

仮に父が本当に「Sに金をもらってくれ」と指示したのだとしても、放ってはおけません。

とにかく毎月の高額な出費をなんとかしなければと、娘夫婦と弁護士に同行してもらい、銀行に乗り込みました。

毎月、経理の女性が口座から大金を下ろしているではないか。父本人でもないのにそんなことをしていいのか。今後は、肉親である当方へ問い合わせてから実行してほしい。そう4人がかりで強く訴えました。

しかし、支店長は、「電話で本人確認しました」の一点張りで、聞き入れてくれません。一方では、父が電話口には出なかった事実も認めてはいて、電話でどう本人確認できたのでしょう？　と問い質すと、周囲の人が代弁したとの回答。話は平行線のままで支店長は引き下がる様子はありません。

最後は本店の常務が出てきましたが、法的には、経理の女性が毎月大金を下ろしてもなんら問題はないと言い張るばかりでした。

すでにお話ししたように、父は、経理の女性がお金を下ろせるよう代理サインの登録手続きを取っていたからです。自分の身体が思ったように動かせなくなったときに、確かにあり得ることでした。しかし、だからといって、肉親の言うことを無視してよいのでしょうか？

しかし、いずれにせよこれ以上私が口を出せることには限りがありました。

私はこの経験により、後述するように、成年後見制度の手続きを取る以外方法がないと考えるようになりました。

実は司法書士の長女から「早く、成年後見制度の手続きを」と強く勧められていたのです。後に、この銀行とは、取引を終了して石川県に本店がある地銀に変更しました。

使途不明金75億円が闇へ

さて、もみ合いになった翌日、Sはいつものように父の病室に現れ、私に対して今まで申し訳なかったと私に謝りました。

私がSに「携帯を見せて」と言うと、彼は意外にも素直に従いました。私は彼の携帯を預からせてもらう承諾を得て、いったん会社へ持っていき、データが残っていた担当医とのSNSのやり取り、特に私と音信不通だったときの情報をすべて写真に撮り、保存しました。

Sにはやはり後ろめたいことがあったのでしょう、この出来事の翌日以降、二度と私たちの前に姿を現すことはありませんでした。姿を消してしまったのです。結局、その後の父の葬式にも来ませんでした。

保存したSのSNSの記録をはじめ、ほかの従業員などから聞き取ったことで、次のようなことが明らかになりました。

Sは、父が「美都江には絶対に連絡するな」と言っているとして、社内の誰とも私と連絡を取らせないようにしていました。Sは病院の医者たちをはじめ介護センターにも同様のことを伝え、すべてにおいて私抜きで、Sが手術の同意書や介護方針にもサインをしていました。

父は誤嚥性肺炎や高熱で入退院を繰り返し、さらに腸のポリープの切除をしなければならないこともあったようでした。その際も私にはなんの連絡もありませんでした。すべてSが、「(父が) 美都江には連絡するなと言っているから」と、社内でも病院でも介護関係者にも、すべての関係者たちに父の金を渡して、誰にも私へ連絡させなかったのです。あれだけ、みんなに何かあったら連絡してほしいと言ってあったのに。

私に通報してくれた従業員も父から遠ざけられていましたが、機を見て電話をしてくれたのです。

父のかかりつけ医は、私のかかりつけ医でもありました。また、市の介護相談センターは、私の住居から歩いて5分のところにあり、私は毎日その周囲で犬の散歩をしていました。私は市会議員を務めたことがあるため、介護センターの職員は、私の顔を認識していたはずです。


一連の騒動が収まった後、肉親の私が、自分で父の介護をすると病院に伝え、主治医と改めて話をしました。

その最初の面談で、主治医は「お父さんの葬式は密葬にしようと考えていた」と言い放ったことには衝撃を受けました。そんなことまで私抜きでSと決めていたのです。医者とグルで、殺そうとしていたのか！　この医者は、後に、Sに脅されていたことがわかりました。

こんなことがあっていいのでしょうか？

まるで犯罪小説に出てくる悪党そのもののような行為をSはやらかしていたのです。それに加担していたとはいえないものの、見て見ぬふりをしていた医師や介護センターの職員は何を考えていたのでしょう。赤の他人から「肉親には連絡を取らないように」と言われ、しかもそう言っているSから多額の金をもらっている。疑うこともなく従うことは、違法行為にはならないのでしょうか。まったくもって不思議でなりません。

これらの人々には、見て見ぬふりをするには十分すぎるほどの口止め料を、Sは配っていました。まるで、Sの金のようにして。どんな人間にも金の力は、絶大です。

Sが何年何月何日、誰にいくら渡したと記したノートは、今でも私の手元に残っています。

家族の重要性を痛感

農業会社の経営と看病による毎月の出費で、100億円を超えた父の預金は、Sが去った時点で手元に残っていたのは約25億円でした。75億円以上を使ってしまっていたのです。

私がSともみ合いになったとき、すぐに止めようと、必死に私をSから引き剥がしてくれたのが娘夫婦でした。

後で娘には「いったい何をやっているの」とあきれられ、畳みかけるように、「お母さん、あんなこと二度としないで」と釘を刺されました。

父がこのようなことになっている現状に、私が怒りを抑えられないことを知っていて、ありふれた言葉では、とても私を止められないと思ったのでしょう。

「お母さんは平鍛造の社長、みんなが頼りにしている。だから事件になるようなことはしないで。やるなら私がやる」とも言いました。

娘の過激な発言で私は我に返り、「わかった、二度としない」と答えました。

従業員たちや医者をも巻き込んだSの行為は、今でも思い出すとはらわたが煮えくり返る思いです。しかし、この事件をきっかけに父を看病できるようになり、ほっとしたこともまた事実です。

その後、Sにしかわからないような、「平美都江は、乗っ取り魔。父親の財産盗んだ金を寄付している」という内容のチラシや怪文書が出回りました。後述するように私は父の死後、父の遺産で公益財団法人平昭七記念財団を設立し、地元への寄付活動を続けるようになりました。その寄付先である石川県知事宛てや金沢医科大医院長宛てに怪文書を送りつけた者がいたのです。

コロナ禍でマスクが不足していたとき、石川県に財団から1億円分を寄付したときです。

寄付は、父から相続した現金を基金として行っています。盗んだお金などではありません。それは今では誰でもわかることです。

こんな怪文書など、痛くも痒くもありません。

父の財産を家庭裁判所の管理下に

父の判断を仰がず他人が処理していた預金

その後、私は父の会社に乗り込むと、「これからは私が全部やるので、勝手なことしないように」と、できるだけ冷静に言いました。

本当は、「父の病気をいいことに、もう好き勝手はさせない」「これ以上、許さない」「ふざけんな！」と、怒りにまかせて従業員たちを怒鳴りつけたかったのですが、父の気持ちを考えるとそう強くは言えませんでした。

Sは姿を見せなくなりましたが、父の「Sはどうした？」と気にかけている様子に、私は「お金を盗んだので、強く怒ったら姿を消した」と答えました。

確かに父のお金ですから、父が好きなように使うべきでしょう。特に父は、自分の

図表D　成年後見制度

成年後見制度とは、認知症、知的障害、精神障害などによって判断能力が 十分でない者を保護するための制度で、保護対象者に応じて、下記のように区分できる

区分	対象者	援助者 *1
後見	判断能力が欠けているのが通常の状態の者	成年後見人
保佐	判断能力が著しく不十分な者	保佐人
補助 *2	判断能力が不十分な者	補助人
任意後見	本人の判断能力が不十分となったときに備えて、本人があらかじめ締結した任意後見契約に従って、任意後見人が本人を援助する制度 *3	

＊1：事案に応じて、監督人が選任されるケースがある。
＊2：本人以外が補助の申立てを行う場合は、本人の同意が必要となる。
＊3：家庭裁判所が任意後見監督人を選任したときから、任意後見契約の効力が生じる。

介護については、従業員に十分な報酬を払い、思った通りにしたいという気持ちを強く感じました。

また、父の口座はあくまでも父だけの財産ですから、銀行から父の預金を下ろすこと一つとっても、私が銀行にいくら言っても止められませんでした。

そして一番肝に銘じておきたいことは、**父の財産は、私の財産ではないという事実です。**

Sは確かに父の財産を勝手に引き出していた首謀者ですが、彼がいなくなれば問題が解決するわけではありません。毎月湯水のように出ていくお金の使途を精査し、出金の規模を抑えなければなりません。なぜなら、父が100歳まで生きるとすれば、この使い方で

は、預金がなくなるからです。

そこで活用することにしたのが成年後見制度でした。

成年後見制度とは、図表Dに示したように、自分で重大な判断ができなくなった人に代わり、財産の管理や各種契約の手続きなどを行う制度のことです。

預貯金の引き出しをはじめ、病院への入院の手続き、介護施設への入所手続き、それに伴う費用の支払いなど、自分で行うことが難しい人に代わって成年後見人が行います。

父が100歳まで生きることを想定した介護に転換

家庭裁判所に成年後見制度を申請すると、調査官が父の病室にまでやって来ました。

その頃の父は、発音がやや不明瞭で、他人にとってはかなり聞き取り難くなっていましたが、このときばかりははっきりと、かつ大声で「バカヤロー、俺の金を盗みに来たな」と怒鳴りました。

調査官はその声を聞いても冷静さを失わず、父が横になっている部屋の隅に黙って座って父の様子をじっと窺っていました。

部屋には、いつものように父を介護する従業員たちもいました。数人がひとグループになり、父を見守っていたのですが、部屋の中でただ座っているのです。調査官には父を取り巻く異様な集団に見えたはずです。

生前の弟が平鍛造のことを、「父は教祖で、従業員は信者、まるで宗教団体」と言っていたことがあります。この一室の雰囲気はまさに宗教団体、いや、それどころかカルト集団のようでした。

調査官は1時間ほどで、部屋を後にしました。

父が普段からお金をばらまくように使っていることが記録されている毎日の帳簿や、従業員が勝手に父の預金を下ろしている預金通帳の記録は、事前に提出してあります。また、従業員6人がベッドを取り囲んでいる、ある種、異様な光景を見れば、成年後見制度が認められることは間違いないはずです。

心配だったのは、父のはっきりした声と意思表示でした。調査官の目にどう映ったのか。しかし、父の財産を守らねばならないという、私の必死の訴えが伝わったのでしょう、すんなりと成年後見制度の適用が認められました。

家庭裁判所は各家庭での事情を考慮しながら、誰が成年後見人にふさわしいのかを判断します。今回は、父との裁判でもお世話になった長原悟弁護士が成年後見人に選ばれました。信頼を置いている人に決まり、安心しました。

こうして成年後見制度によって、父の財産が無防備に流出していくことは防ぐことができるようになりました。ただ、一般的にはこの後見人と家族でもめる事例も多くあると聞きます。

父については、ひと息つくことができました。父の会社、平農林をどうしていくべきかという課題は残りましたが、それについては後ほど触れることにして、その前に、私が社長を務めていた平鍛造に話を戻したいと思います。

そこでは、一次承継として父から私へ、そして、その次である二次承継の問題が始まるのです。

私は、成年後見制度を使い、安心して1年半、父の看病をすることができました。

まずは、介護センターや従業員看護人が誤嚥性肺炎が心配だとして反対した喉のリハビリからスタートしました。動脈点滴に頼ったせいで水も飲めなくなっていた父が、85歳の誕生日には、鯛の味噌汁や宝達葛《ほうだつくず》、リンゴのすりおろしまで食べられるようになりました。その効果もあり、心配した誤嚥性肺炎にも罹患しなくなりました。

事業承継で親不孝なことをした私にとって、父の介護は本当に有難く、かけがえのない看病の日々になりました。

親の看病をできることは人間として最高の幸福

――平美都江の相続人心得

第5章

後継者承継か M&Aか

売却の決断で平鍛造永続へ

甥は後継者として平鍛造で働き始め

平鍛造にとってこの間ずっと課題だったのが、後継者でした。

2004年10月、平鍛造の社長を務めていた弟が事故死すると、父が社長に復帰しました。しかし、父は当時すでに70代に入っており、誰もが会社の「次」のことを話題にしました。

そこで当然のように上がっていたのが甥の名です。父が創業し、その息子（私の弟）が社長を継いだのですから、その息子（私にとって甥）が、ゆくゆくは事業を承継するのは自然の流れに思えました。

しかし当時、甥は高校生で、本人には医学の道へ進むという夢がありました。実際にその後、東京の医学系大学へ進学しました。また、父はレビー小体型のために平鍛造の「廃業」を言い出して大騒ぎになりましたが、会社をなんとか継続できたことはすでにお伝えした通りです。

2009年、和解により、私は父から平鍛造の経営を引き継ぎました。

会社を経営する難しさと重責を実感しつつも、私は社長として経営全般に目を配り、財務、営業、安全管理、技術開発、改善……、ありとあらゆる、実に多様な事項に取り組みました。そして、一つひとつ課題をこなしていきました。

その過程は、私の前著『なぜ、おばちゃん社長は価値ゼロの会社を100億円で売却できたのか』(ダイヤモンド社)をはじめ、『なぜ、おばちゃん社長は「無間改善」で利益爆発の儲かる工場にできたのか?』(同)、『なぜ、おばちゃん社長は「絶対安全」で利益爆発の儲かる工場にできたのか?』(同)の3冊に詳細に記しています。

一方、甥は大学へ進学して卒業後、1年間、病院に勤務、その途中、裁判提訴・和解となりました。そして、私が会社を再開すると同時に、「次の社長になりたい」と入社を希望したのです。

彼はそれまで、会社を継承することについては積極的な意思表明や具体的な行動を示すことはまったくありませんでした。どちらかといえば消極的で、むしろ平鍛造は嫌いだというようなことを言っていました。

そんな甥が一緒に働きたいと言ってくれたことに、正直、私は驚きました。が、もちろん大歓迎です。

〝当然だな、やっぱりそうなる〟と思いました。私の弟の一人息子ですから、自然の流れ……直系です。

会社を存続させるため、裁判では共に提訴してくれていましたし、亡くなった弟の気持ちに思いを馳せれば、親父が引退したのであれば、息子に会社を継いでほしいと思ったに違いありません。

私は、彼を後継者として育てることを決心しました。今考えると、私に力が入りすぎて、厳しくしすぎたかなと、自省しています。でも、優しく接していたとしても、結果は同じだったとは思いますが。

平鍛造の従業員として働き始めた甥は本当に懸命にやっていました。頭も悪くなく、やる気満々で、製造現場に出て、自らものづくりを学ぼうとしていました。

部下を使うリーダーとしてはまだまだでしたが、理系的センスがいい――というのが私の評価でした。誰もが、これで平鍛造の後継者問題は解決したと胸をなで下ろしました。

「今すぐに辞めたい」甥は亡き弟が願った医学の道へ

ところが、それから5年が経過した2015年、甥は突然、「自分に社長は無理。会社を辞める」と言い出しました。一番小さなラインの責任者として働いていたときのことです。そして、自分が持っていた自社株すべてを買い取ってくれと言い出したのです。

私のところに来たときには、辞めるかどうかを相談する段階ではなく、すでに辞める決心は固かったようで、私はただそれを告げられただけでした。

それでも私は引き留めました。会社の跡を継いでくれるとばかり思っていた人間が、社長になりたいと自ら志願したのですから当然です。それを、辞めたいと言っているのです。甥が社長になり、私は安心して引退するという私の思惑は、まったく外れてしまったのです。

義妹をはじめ親戚中にこのことを知らせ、甥を説得してくれるように頼みました。が、全員が「本人が決めたことなので、自社株を買い取ってお金を支払ってやってほしい」と言うばかりでした。

甥はそのときすでに結婚していましたが、自分の妻や母、義父には相談して、決意を伝えていたようです。その上で最後に私に報告に来たのです。

もはや何を言っても甥は聞き入れる様子はありませんでした。

会社は本格的な利益を出すまでには、もう少しという段階でした。留保金はまだわずかで、甥の株を買い取るだけの金額を支払えるかどうか心配でした。

しかし、甥はすぐに全株を手放したいと言います。

甥が持っていたのは、自社株の2分の1弱です。顧問税理士も驚いて、全部は一度に支払えないから分割にしてもらえば、ともアドバイスしてきました。

ですが、甥は多額の相続税を支払うため、母親にその分の借金をしています。また、会社を退社するのであれば、全株を一度に買い取りして支払ってほしいという主張は当然だと思いました。

甥の決意の固さからも、なんとしても全額一度に支払ってやりたいと思いました。税理士に急ぎ、自社株の価格の計算をしてもらい、買い取りの手続きのお願いをしました。

自社株を売ったことで甥は現金を手にしましたが、そのためにかかった税金は、みなし配当の総合課税となり、住民税を含めて55％に及びました。

自社が株を買い取る場合には譲渡税ではなく、みなし配当税となります。このため所得税と合算の総合課税となり、総額には最高税率が適用されたのです。

その後、平鍛造で働いていた義妹も退社しました。

義妹は息子が社長になるまで支えていこうとして会社で働き始めたのですが、もともと身体が強くなく、それを気力で補っていました。息子が辞めることになって目的を失い、働く意欲も失ったようです。

このときも私は、どんな形でもいいから辞めないでほしいと留意を促しましたが、彼女の決意も変わることはありませんでした。

後継者が越える第一のハードルは古参社員

甥はなぜ、それほど突然に辞めたいと言い出したのでしょうか。

甥は退職が決まった後、「メンバーが自分の言うことを聞いてくれない。こんな少人数の従業員ですら言うことを聞いてくれないのに、社長をやるなんて、とても無理」と、その理由を語っていました。彼は一番小さなラインのリーダーになったばかりでした。

私は、もっと早く相談してくれればよかったのに……と心底思いました。

今、私はあちこちでセミナーを行っていますが、必ずと言っていいほど同じような問題について質問を受けます。

セミナーの受講者の多くは会社の経営者ですが、彼ら彼女らは、「従業員の仕事の内容がわからない」「従業員が言うことを聞いてくれない」「改善を提案してもやろうとしない、やってくれない」「従業員との関係はどうすればよいのか」と言うのです。

また、今の経営者の多くが、後継者の言うことを聞いてくれない古参社員がいる、という悩みを抱えています。

私の答えは、従業員は肩書や役職では動いてはくれないということです。

自分は責任者だから、あるいは社長だから、社長の子息子女だからといって、改善改革に取り組みますが、意識が高ければ高いほど、現場を熟知して実際に仕事を動かしている従業員からは、「何言ってんだ、仕事もわからないくせに」と言われることになります。彼らは彼らで、今やっている現場の仕事を最善にやっていると思っているからです。

それでは、どうすればよいのでしょうか？

これはよくある「リーダー論」では語られていないのですが、人は最初からリーダーになれるのではなく、結果的にリーダーになる、ということだと私は考えています。気づいたらリーダーになっていた、というのが本当のリーダーではないでしょうか。

中小企業の後継者は、製造現場や営業の前線に立ち、真摯に仕事の勉強をしなければなりません。従業員がどんな仕事をしているのかを、知ることから始めなければなりません。そうすることで今、会社の何が問題なのかが、自分の実感として知ることができますし、加えて、会社が社会で果たすべき課題も見極められるようになります。

現場に立ち、それも、チラ見ではなく、最初は雑巾がけから始めるくらいの気持ちがちょうどよいくらいです。

〝やってみせ、言って聞かせて、させてみせ、誉めてやらねば、人は動かじ〟とは、山本五十六《いそろく》の名言です。

つまり、やって見せられなければ、人は動かないということです。

長い道のりのように思えますが、〝急がば回れ〟が本当は最速の道だというのが、私の実体験です。

そこまでして初めて従業員の理解が得られ、先代の息子や娘も頑張っているなと思ってもらうことができ、たとえ納得してくれなくとも、改善など新しい提案の説明を真摯に聞いてくれるでしょう。そうして少しずつ結果を出していけば、さらに新たな提案に説得力を持たせることができます。

もちろん失敗することもあります。そのときはすぐに修正し、成功するまで諦めない姿勢で挑みます。仕事の第一線で油まみれ、汗まみれで働き、古参従業員にも聞く耳をダンボにして聞き、その改善の責任を負う姿勢を貫けば、従業員は認めてくれるようになります。気づけばリーダーになり、社長になっているのです。

未熟なリーダーや経営者を、ベテラン従業員は不信感を抱きながら見ています。バ力にするつもりはなくとも、否定的な意見を言ったり、仕事をさせないようにしたりするので、若い経営者は軽んじられているように感じます。でも本当は、従業員も不安なのです。

従業員は使用人（会計用語）ゆえに給料をもらって働いています。一方、経営者は給与を支払う立場。それを自覚しなければなりません。仕事で壁にぶつかることはしょっちゅうです。そのたびに従業員と同じ立ち位置でがっかりしたり、失望したり、無気力になったりしてはいけません。

決して諦めず、どこまでもじっと辛抱しながら仕事に取り組み、コツコツ確実に一つひとつ結果を出していくのです。それを従業員は見ています。

甥は、現場で一生懸命仕事に取り組み、難しい旋盤やマシニングのプログラムも、誰よりも速いスピードで習得していきました。

それにもかかわらず、私は、甥には、このようなリーダーになるための壁の乗り越え方については、アドバイスはしていませんでした。

仕事を覚えるのが早すぎて、しかも、甥が仕事ができることは周囲も認知しているようだったので、うかつだったと振り返ることがあります。

甥の退職に影響を与えた父（私の弟）の希望

しかし、甥が辞めたのはそんな理由だけではなかったのかもしれません。やはり父（甥にとっては祖父）のことがあったように思います。

父は、家族に嫌われていたわけではありませんでしたが、少なくとも誰もが「面倒な人、うざい人」と見ていました。煙たがられ、傍に寄りたくない人であったことは紛れもない事実です。

というのも、何かというと、まだ暗い早朝4時に全員を集めて訓話めいた話を聞かせたり、外の草取りなどを訓練と称してやらせたり、24時間、私たちは気の休まる時間を持てませんでした。

呼べばすぐに行かないと徹底的に叱られ、挙句の果てに家から出て行けというのが常でした。

このことは従業員にとっても同様でした。

父はとにかく独裁者で、周囲の人間（家族全員、従業員、関係者）を、24時間365日、思い通りにしなければ気が済まない人でした。私もノイローゼになり、睡眠も十分に取れずに朦朧《もうろう》としていた時期があります。

さすがに甥が小さなうちは可愛がっていましたが、弟が亡くなってからは、甥も呼び出しを受ける身になり、父の横暴な一面に直接、触れるようになりました。

弟は存命中、はっきりと、きっぱりと、このような横暴な呼び出しは完全に拒否していました。そして自分の息子には、この父のような独裁者が君臨している会社には入らず、医者になれと言っていました。

和解後、父は平鍛造の経営から退きました。父がいなくなったことで、甥は会社で後継者を目指して、働き始めたのだと私は思っていました。

しかし、その後、従業員が思うように動いてくれないこともあり、亡き父（私の弟）が勧めてくれていた医学の道がやはり自分に向いているのではと、考え始めたのだと思います。

その気持ちもわかるような気がしました。社長という立場にかかる重圧は、責任感があればあるほど、重くのしかかるからです。

甥の退職時の全株買取要求の決断は正しかった

甥が会社を辞めて、所有していた自社株も手放したいと言い出したとき、私は辞めてほしくないこともあり、自社株はしばらく持ち続けていればどうかと勧めました。当時、会社は好調な波に乗る直前期で、いずれ利益が出ることはわかっていたからです。

利益が出るようになれば、会社の株価も上がっていきます。それから売却すれば、より多くの現金を得られるでしょう。

甥はその後、予備校から大学へ行き直して医学の道へ進みました。また、当時は二人の子どももいました。自分の学費のためにも、子どもの教育費としても、少しでも多くの現金が必要なはずです。

しかし、結果的に甥は、できるかぎり早い時点での株式の買い取りを、しかも一括での支払いを求めました。それは今から考えればまったく正解でした。

経営を離れる者が会社の株を持ち続けることは、いろいろな問題をはらんでいます。

まだ甥が会社に勤めていたとき、私と甥の意見が対立するようなことはありませんでした。ただ一つ、父が残した広大な土地を利用するため、私が太陽光発電を始めようと提案したとき、甥は、どれほどの利益が出るのか、日本海側の北陸では冬がリスクになるのではないかなど、根掘り葉掘り確認しました。

何しろ鍛造とはまったくの異分野への参入、それも9億円の投資です。慎重になって当然です。私や専門家の話を徹底的に聞き、納得した上で賛成してくれたのです。そんな将来の後継者と思っていた甥の姿勢が、私には頼もしく思えました。

甥は会社を退職すると、経営上の重大な決定を今後は決算書ベースでしか把握できなくなります。私に多額の自社株式を一任する形にするのは、不安だったのではないでしょうか。まだ、会社は本格的に利益を出す前で、一方、激しく設備投資をしていました。

株を全部手放す――つまり、平鍛造とはきっぱりと手を切るという当時の甥の決断に、最初、私は呆然とし、その後はとても寂しく、私への批判・決別宣言のようにも感じました。しかし今は、このときの甥の決断はまったく正しかったと考えています。

考えてみれば、甥にとっては、自分が経営しない会社の株を持ち続けることは、気持ちの上で大きな負担になったはずです。経営に関与しなくなっても、株価の変動は気になるでしょう。万が一、下落でもすれば、なぜまだ会社に資金があるうちに買い取ってもらわなかったのか、後悔もするでしょう。

30歳を過ぎて難関の医学の道へ進もうという甥にとって、全株の売却がその道に集中するための不退転の決意だったのでしょう。優柔不断な性格と思っていましたが、今でも、このときの甥のきっぱりした決断には、敬意の念を抱かざるを得ません。

今、甥は歯科医として働いています。開業資金をはじめ必要な資金があれば、伯母として支援したい気持ちを伝えてきましたが、甥は独自で生きていく方針を変えていません。そういえば、幼い頃から大きな家に独りで平気で留守番をしているような度胸の据わった子でした。私から見れば怖くないのかと思うことを、けろっとした顔で楽しそうにやっていたことを思い出します。

平美都江の相続人&被相続人心得

後継者は〝やってみせられなければ人は動かせない〟覚悟を

将来の社会情勢も考慮し後継者の性格・オーナー経営者としての能力を判断・決断するのは子どもたちへの義務

存続会社に、若い従業員の雇用を託す

必ず株価の変動を見ながら、自社株の相続・贈与を

甥御さんから自社株を買い取るにあたり、1株当たりの価額は、原則的評価方法で、純資産価額（2万5907円）と類似業種比準価額（1万1614円）を出し、その低い金額1万1614円を採用して、申告しました。

また、娘さんたちへの贈与時の1株当たりの価額も、同様に、純資産価額（3万2478円）と類似業種比準価額（5718円）を出し、低い価額5718円を採用しました。

いずれも、税法上で認められた評価額で、低価の類似業種比準価額で申告が可能でした。もちろん、国税からの指摘はありません。

ここで注目すべきは、純資産価額が高額に、つまり、会社が順調になってきているものの、類似業種比準価額により、株価をぐっと下落させられたことです。

このように、1株当たりの価格の差は、純資産価額と類似業種比準価額で歴然と

しています。

会社の株価状況（純資産価額と類似業種比準価額）を常に把握しておくことは、事業承継を乗り切る上で重要な手段であり、美都江氏はそれを常に実行してきたといえるでしょう。

（税理士　島田二郎）

なぜ会社を「身内に譲らない」選択か？

会社が好調なときに、経営者は元気なうちに

甥の突然の退職により、平鍛造の事業承継問題は振り出しに戻りました。

その4年後の2019年、私は会社を大手ベアリング会社に売却するのですが、こうして直系後継者がいなくなったことが、売却を決断した大きな理由の一つになっていることは確かです。

また、私が自社株を売却することにしたのは、多くの理由があります。父が「経営は孤独で苦しい、誰にでもできることではない」と言っていたこと、また、実は父が会社閉鎖前に売却しようとして決断がつかなかったこと、そして、病床で私に言った「無理しなくていいんだぞ」という言葉に促されたこと……などもあるでしょう。

しかし、売却という決断にはこれらのほかにもいくつもの理由があります。それらを総合的に考えることが、最も〝合理的〟だと判断しました。

早くに会社を売却した最も大きな理由は、父の晩年の病気を見ていたことです。私はそれを自分自身の老化と重ね合わせました。

父は、レビー小体型による被害妄想で、会社を混乱に陥れ、自らの手で会社を閉鎖しました。

どんな人であれ、老化して亡くなります。弟は、突然の事故でした。

信じられませんでした。弟の家族にはより衝撃は大きく、すべての運命が変わってしまいました。45歳の若さでした。

老い、そして死が、経営者である私にとってのトラウマであり、大きな教訓になりました。**老化により経営ができなくなる前に、引退しなければならない。**そう固く決意するようになっていったのです。

経営者でなければ、老いや死を、ただただ受け入れればよいだけなのですが。

もちろん私も、年相応の老化が進んでいます。仮に社長を続けたとしても、今年入社してきた20歳前後の従業員が65歳まで働くとすれば、これからの45年間、ずっと社長で居続けることは誰が考えても絶対に不可能です。

認知症になる可能性は誰にでもあり、65歳以上人口の16・8%がなんらかの認知症だと推計されています。

父は71歳のとき、脳ドックでレビー小体が見つかりました。私は今66歳、後5年でその年齢になります。

父は病気で猜疑心《さいぎしん》を強め、実の娘の私よりも、Sのような明らかに怪しい男でさえ、最後まで金の力でコントロールして、自分の思い通りにできると、そのかつての能力から自信を持っていました。

病気が進行すればするほど、**間違った判断を頑なに正しいと信じ、自分も周りの人間も共にとんでもないところへ追い込んでしまう——その可能性は誰にでもあるでしょう。それは他人事ではないのです。**

ひょっとすると父は病気の自覚があり、だからこそ、自分自身が会社においてレームダック（死に体）に陥ることを嫌い、「廃業」という極端な行動に出たのかもしれません。

「俺の終わりが、平鍛造の終わりだ」と常々言っていましたから。

また、創業者の自分が関与しないところで、会社がうまくいくのも・いかないのも、傍観者として見ることができないという心理もあったと思います。

輪をかけて最悪だったのは、その成功体験から、多くの従業員が疑いを持たず、父に従ったことです。誤りを認めるどころか、廃業すればお客が土下座して仕事を持ってきてくれると言う父を信じて、父が辞めることなどまったく考えず、逆に、私を排除したのです。

平鍛造には、父の社長・会長時代から働いてくれている従業員が、まだ全体の3分の1以上います。彼らは、これまでさんざん父のワンマンぶりに振り回されてきました。最後には父の病気で働く場を失うところでした。

次は、私の番です。私も再建した会社の権力者になっていました。

過去は過去として、今は会社を再興した私に全幅の信頼をしている従業員を、二度と同じ目に遭わせてはいけません。これが私の一番の気持ちでした。

父と私の確執の余波で、しばらく仕事がなく苦しんだことがありましたが、そんなことは二度とあってはならないのです。

父は己だけを信じ、己だけのために生きるという〝人生観〟、「死んだら灰だ」「だから、生きているうちに己のやりたいようにやる」という〝死生観〟を全うしました。

しかし**私は、父のような才能がない凡人です。自分が死んだ後のことはもちろん、病気で判断ができなくなったときのことも考え、従業員はもちろん、子どもたちも困らないようにしておきたいと思いました。**

私の早期の引退は、父と弟のトラウマであり、父と弟のことから教訓として学んだ対策でした。

現在、従業員の定年は65歳が一般的になりつつあります。ですから、それより重責を担う経営者は、もっと早期に引退すべきだというのが私の考えです。

クビにする上司がいないからといって、老害がはびこる上場会社も多いのではないでしょうか？　役職がないと生きていけないのでしょうか？

中小企業は外部経営環境の激変を考慮した舵取りを

会社を売却したのはこのような個人的な理由とともに、平鍛造は大手傘下に入らなければ10年後の将来はないと判断したこともあります。

たとえば、中国の動向も平鍛造の経営に大きく影響を及ぼしています。

さらに、日本の大手製鉄会社は、国内の代表的な高炉の閉鎖計画を次々と出しています。いずれ超大型鍛造用の材料は、適切な価格で手に入らなくなります。平鍛造が、世界を代表する建機メーカーから注文を受けて鍛造加工をしようにも、大型の部品の材料は国内では手に入らなくなるのです。

すでに平鍛造は、日本では先駆けとして、中国の製鉄メーカーと取り引きを始めました。私自身が商社を引き連れて現地に赴いて開拓した、大型の特殊鋼の仕入です。

日本では、中国製の製品や部品の品質は低いという固定観念があるかもしれませんが、意外なことに中国製の鉄鋼品は、日本の製鉄メーカーのものよりも高品質です。

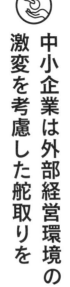

最新設備を導入し、品質管理を徹底しているからです。むしろ日本の製鉄メーカーは老朽化した設備で作り続けて苦労しています。品質も人の勘に頼っている面が多々あります。

高い品質にもかかわらず、日本よりも安く仕入れることができたのが中国製品のメリットでしたが、現在は円安で、そのメリットは薄れてきているかもしれません。ただ、それを加工して輸出することは、円安下では価格競争力が高まります。

次に、ここ数年、米中の分断により、関税も大きな問題になってきました。

トランプ政権は露骨に中国を敵視し、その後のバイデン政権も同様の政策を取っています。米国の挑発的な姿勢に対する中国の対抗手段の一つとしての関税の上げ下げは、大きな影響を及ぼします。

石川県の小さな会社も、国際情勢の影響をもろに受けているわけです。

平鍛造は、これまでは父が培ってきた高度な技術により、世界的に高い評価を受けてきました。しかし、これからは、製造技術だけでは乗り切れません。弾（材料）がなければ撃て（鍛造でき）ないということです。

材料の確保から部品製造、さらに製品の完成まで、一貫した体制のもと、サプライチェーン全体を見渡しながら、材料費や物流費を改善し、製造の合理化を図り、全体を俯瞰《ふかん》する広い視点で、調整と運営をしていく必要があります。

今の時点で、お客さまから材料の支給を受けて安心していると、いざ材料がなくなれば、その仕事そのものがなくなることがある、というのは、私の長年の経験からくる心配事でした。

加工だけを請け負っている中小企業では限界があります。大手の傘下に入り、その親会社の仕事を中心とした安定経営こそ、世界的な競争を勝ち抜いて生き残ることができると考えました。

今は絶好調でも、10年後、20年後はどうでしょうか？　平均年齢が若い平鍛造の従業員の誰がそのような心配をしているでしょうか。

私の決断とその意味がわかるときが、必ず来ます。

異常気象による大災害頻発でもサプライチェーン責任が

サプライチェーンにとっての大きなリスクは、最近特に増えている災害でしょう。一度、会社閉鎖でサプライチェーンを分断した責任を問われ、仕事がまったく戻らなかったのは、わずか、10年前のことです。

地球温暖化で、日本のあちこちでこれまでにはなかった線状降水帯が多く発生し、それに伴う土砂崩れが頻繁に起きるようになりました。大地震の到来も予想されています。

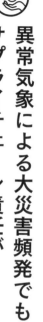

それほど現在のものづくりのサプライチェーンは全国規模・世界規模で高度に作られており、一部で供給ができなくなっただけで、全体が麻痺《まひ》してしまいます。

平鍛造では、大型工場の周りを高さ2メートルの防土砂壁で取り囲み、災害に備えていますが、自社でできることはせいぜいそんなことぐらいです。ほかにも、コンピューターのバックアップや停電に備えた蓄電池設備など、私として考えられること、やれることはやったつもりです。

もし、部品供給が長期で不可能になれば、取引先はすぐに代わりのメーカーから調達します。そんなことが何度も続けば、注文アイテムが激減します。

こうした危険を避けるためにも、大口客先と資本関係を持ち、つまり子会社となって、安心して仕事を確保することが、最善の方法と考えていました。

ここまで育った従業員ならば安心

上場企業の子会社社長として失格

個人的トラウマとともに、世界的な情勢を考えた末、私は平鍛造を売却することにしました。株の90％をNTN（大阪市西区）と伊藤忠丸紅住商テクノスチール（MISTS・東京都千代田区）に売却し、会社の事業運営を3社の持株で行うことにしたのです。平鍛造の株の49％を保有することになったNTNは、日本のベアリングメーカーでは第3位の企業です。長年、平鍛造の最も重要な取引先でした。

また、MISTSには41％の株が渡り、私には10％が残りました。私の口座には93億円ものお金が入りました。

会社は売却しましたが、その後、3社の合意のもと、引き続き私が社長を務めることになりました。当初の取り決めでは10年間の任期になっていました。オーナー社長からサラリーマン社長になって、従業員には、自ら考えて提案する力を育てました、じっと提案を待つスタンスにしました。

しばらくして、私の従業員教育は間違っていなかったと実感しました。会社売却後の社長時代も、平鍛造は取引先に恵まれ、経営は順調そのものでした。私の退職後のことを考え、従業員ができるだけ自ら考え、行動するように意識して行ってきたことが、結果を出し始めました。コロナ禍で仕事が5分の1になっても、利益を出しました。

常にキャッシュは潤沢、当座預金には数十億円がありました。私に何かあっても、親（親会社）がいるという安心感も持っていました。

一方、その安心感と従業員が育ったこともあり、私には以前のようながむしゃらな気持ちや気力がなくなりました。

なにせ、仕事が5分の1でも利益が出る会社にしたのですから。その何かをやり切った、もうやることがないという感覚に襲われたのです。

自分の口座に大金が入ったためばかりではありません。私が社内外の何もかもに目を光らせていた会社でしたが、従業員たちが自ら動き出し、結果も出せるようになったことが大きな理由でした。

以前、会社にお金がないときは、どうしても仕事を取らねばと、私は取引先を回り、土下座してでも注文を取ろうという気迫がありました。また、こちらが悪いときはもちろん、悪くないときでも頭を下げました。常に謙虚な気持ちで、取引先との関係をなんとか良好なものにしておきたかったからです。

しかし、私は、ハングリー精神そのものも失ってしまったようでした。

情熱を失った？

会社がＮＴＮの子会社になった後、こんなこともありました。

親会社のＮＴＮが、平鍛造のライバル会社に注文を出していることがわかったのです。その会社へ送るべき注文書が、誤って平鍛造に送られてきたのです。受注責任者が見つけ、私に報告してくれました。

本来ならば継続して、平鍛造が受注していた仕事です。ましてや親会社ならば当然、子会社の平鍛造に出すべき仕事では？　ところがそうせずにライバル会社に出していたのです。ほかに出すなら、事前に言ってよ……。

私はあきれるやら、腹が立つやら、どう反応していいのか、なんのために子会社になったのでしょうか。

まず、間違って送られてきた注文書を担当者が返送しました。そこまでは当然のことでしょう。

私もそれを知っていることに、先方は慌てて釈明したいと連絡がありました。

以前の私ならば、自分のほうから出向いていき、「転注した理由があったのですね、本当にすみませんでした」と、あたかもこちらに非があったかのような話をして、絶対に注文を戻してもらう交渉をしたでしょう。

しかし、そのときの私はそうしませんでした。釈明したいとの本社購買責任者の申し出を断り、自分からも何も動こうとしませんでした。

すでにライバル会社がその受注のために設備投資をしているという、外からの噂も入ってきていました。子会社の平鍛造以外が設備投資したとなれば、本社経営層は確信を持って判断したことです。いったいどうなっているのでしょう。

以前の私であれば、そんなおかしな状況は絶対に放っておくことはできません。それにもかかわらず、結局、私は何もしなかったのです。

是が非でもという精神は、もう私の中にはありませんでした。ただただ、嫌気が差した、あきれたというのが、偽らざる気持ちでした。

親会社に嫌気ですって？　それならば辞めればいい。もはやそんな人間が子会社の経営のトップに居座るわけにはいきません。

すでに、従業員たちは十分に育ちました。どんな経営者が来たとしても、現場を着実に動かし、利益を出し続けるでしょう。

2021年6月28日、私は手元に残っていた10％の株も売却し、正式に完全に退任することにしました。

会社を売却したことで、平鍛造の事業承継の問題には終止符が打たれました。創業家は去りました。

平美都江の相続人心得

がむしゃらな情熱こそ中小企業経営者の要件

オーナー社長とサラリーマン社長は別の人種

M&Aは事前の準備が大事

M&Aが行われる場合、買主の候補者が決まった後は、大まかに言って、次の流れでM&Aが行われます。

・基本合意締結
・買主候補者による売却対象会社の買収監査（デューデリジェンス）
・最終合意締結

平鍛造の場合にも、このような流れで手続きが進んでいき、買収監査（デューデリジェンス）が行われました。

これは事業、財務、法務、あらゆる面から売却対象会社の現状を精細に調査し、買収することの是非や売却対象会社の企業価値を見極めるために行われます。潜在的な問題点や後に発生しそうなリスクまで想定して調査がなされるため、通常、1～2カ月程度を要します。

私は、法務面で平鍛造に関わっており、定款、株主名簿、株主総会議事録（なお、当時の平鍛造は、取締役会非設置会社でしたので取締役会議事録はありませんでしたが、取締役会設置会社では、取締役会議事録も重要な書類となります）の整備に努めてきました。法務面では、定款が、会社にとって最も重要な書類であり、また、株主名簿についても、誰が株主かが明確でなければ、売主が明らかにならずM＆Aもできませんので、大変重要な書類です。株主総会議事録や取締役会議事録についても、会社にとって重要な決定事項が明らかになるもので、やはり重要な書類です。日頃より、これらの書類を整備しておくことが重要です。

（弁護士　長原悟）

M&A契約の表明保証条項、補償条項

無事にM&Aの手続きが済み、新しいオーナーのもとでの経営が始まった後に、簿外負債や帳簿と実態との乖離が見つかるなど、買収前の経営が原因で問題が発生することがあります。簿外債務など以外にも、後に真の株主であると称する者が現れて紛争になったり、あるいは、後に土壌汚染が発覚したり（汚染除去費用に莫大な費用を要する場合がある）といったケースもあり得ます。

このような事態に備えるため、M&Aの最終契約書に盛り込まれるのが「表明保証条項」と「補償条項」です。

「表明保証条項」とは、売主が提供する情報が正確で真実であることを表明し保証する定めであり、「補償条項」とは、表明した事実と異なることが見つかり、買主に損害が発生するようなことがあれば、それを補償する旨の定めです。

売主としては、「買収監査（デューデリジェンス）」をしっかりと行ってもらい、

問題が起きても、補償しないという契約書が望ましいと思います。しかし、買主にとっては、何が起こるかわからないという不安はつきまとい、契約書にこの「表明保証条項」と「補償条項」を盛り込むことは避けられないのが現実だと思います。売主が表明保証条項などを強硬に拒否すれば、買主としては、何か隠していることがあるのではないかと思うでしょうし、その結果、契約が締結できないおそれもあります。

もっとも、ひと口に表明保証や補償の定めといっても、その定め方は多様で、売主・買主間でせめぎ合いが行われるのが一般的と考えられます。たとえば、表明保証条項において、「1千万円を超える簿外債務が存在しないこと」を保証するという条項は、単に、「簿外債務が存在しないこと」を保証するという条項よりも、責任を負う場合を限定する内容となります。また、補償条項について、一般的には、発生した損害を全額賠償するという内容の条項が多いと思いますが、補償の限度額を定めることによって、その責任を一定の範囲に限定することができます。

売主も、買主も、二つの条項の兼ね合いで（たとえば、売主から見て、表明保証の対象が広いので納得できない面があるが補償額に限度があるので妥協するなど）、全体的に判断するのが一般的と考えられます。

美都江氏の場合も、契約書に、表明保証条項と補償条項とが設けられました。特徴的な点としては、補償の期間が1年に限定され（1年経過後は補償を求めることができない）、また、補償の上限額が1億円となりました。そして、譲渡時に、譲渡代金の額から1億円を差し引いた額を支払ってもらい、残りの1億円を補償のための担保として買主に預けたままとし、その後補償を要するような事由が発生しなければ、1年経過後に預けてあった1億円を返還してもらうという契約内容となりました。

美都江氏の場合、なんの問題も発生せず、1年後には、1億円が戻ってきました。


（弁護士　長原悟）

第6章

相続税納付後も心配が絶えず

土地・建物、返済不能な貸付金

父の遺志に思いを馳せる

弁護士から「貸付金」も大事な財産と言われたが

相続の話は続きます。

父の昭七の葬儀は、平鍛造の創業者にふさわしく、盛大で荘厳なものにすることができました。私は大きな責任を一つ果たすことができたように感じました。

しかし、相続の問題は依然、残りました。

父はその〝人生観〟〝死生観〟により、後に残された家族のことまで考えようとはしませんでした。私自身、父の口から「相続」や「自分がいなくなったら」という言葉を一度も聞いたことがありません。ですから、父の遺志を慮《おもんぱか》ることで、苦労することになりました。

すでに2016年、父には成年後見人が付いていたため、相続の手続きそのものは非常に簡単でした。そのままを申告すればよかったからです。長原弁護士が成年後見人として、当時から父のすべての財産を洗い出し、信託してくれていました。

それでも問題は残りました。その一つが「貸付金」です。長原弁護士によれば「貸付金も故人の大事な財産」とのことでした。返済してもらえば、の話ですが……。

父は持っていた水田を埋め立てて果樹園にして農業を始め、前述したように最高品質のリンゴを栽培し、皆を驚かせました。

しかし、まったく農産物の販売をする気がなく、会社を起こした2010年から亡くなるまでの2017年まで、会社の売り上げをあえてゼロにしていました。その間、私は父が快方に向かうことに専心し、農業のことまで聞いていなかったため、リンゴを売らなかった確かな理由は今もわかりません。

ともかく父には莫大な財産があったため、水田を畑に埋め立てたり、青森からリンゴの樹を運搬したりといった初期投資はもちろん、非常に手間のかかる無農薬栽培の人件費などは、父個人の貯金から農業会社である平農林の「貸付金」で賄われていました。

ものづくりに徹底的にこだわる父からすれば、最高品質の果物ができる農業は最高の満足でもあり、お金の使い道としても最善の選択だったのでしょう。

しかし、父が亡くなり、いざ「相続」の話となると、途端に、その「貸付金」が問題になりました。

返済不能な貸付金1億円に相続税5500万円

オーナー会社によくあることですが、オーナーとその家族が、銀行からではなく個人から資金繰りに出していた貸付金により、多くの不幸が生まれます。会社が倒産後、個人的な老後の資金まで使い果たし、路頭に迷った人を何人も見ました。

銀行が資金提供をしなくなった会社では、個人がその会社へ貸し付けをする場合、合理的判断をすべきです。

父個人の自分の会社への貸付金は1億円にのぼりました。そして**父の財産を相続した私には、その貸付金にも相続税が課されることになりました。貸付金は税務上、当然に財産とみなされます。**

もし、父がほかの会社へ貸し付けた貸付金があれば、それを相続した私は、その会社に返済をお願いすればお金は戻ってくるはずです。しかし、父が貸し付けた相手は自分の会社で、しかもその平農林は債務超過です。返済不可能です。どうしようもありません。

「貸付金」1億円に対して、「相続税」は最高税率の55%が課せられました。5500万円です。

相続税とは、相続した財産があり、それに課される税金のはずです。税金を納めてもなにがしかの財産が残ることが期待できますが、この場合、入ってくるお金はゼロ円なのに、税金ばかりを納めなければならないという、なんとも納得のいかない「相続」となったわけです。

相続時でも、返済不能なのだから「貸付金」の価値はゼロ円。よって税金を納める必要はない、と考えるこちらの理屈は、国税当局には通じませんでした。

ちなみに「貸付金」といえば、父が個人として知人へ貸したお金も明らかになりました。私もこのことは以前から耳にしていました。父の友人のご長男が病気になり、友人は父に借金を頼みました。しかし、借金したご本人も長男の方もすでに亡くなっていました。

理屈からすれば、「貸付金」を「相続」した私が、そのご遺族の方に借金の返済をお願いすればよいのですが、今さら言い出すわけにいきません。返済できる状態でもないようですし、そもそもこの借金についてはご家族もご存じないようです。父もお金が返ってくることは考えていなかったはずです。

帳簿に「貸付金」と書いている以上、「財産」になってしまいますが、この場合、経理担当者は帳簿に「貸付金」と記載したものの、真意はお見舞金だった。つまり、差し上げたものだと主張したところ、国税庁は納得してくれました。少額でもあったからか、課税を免れることができたのです。

何度も書きますが、私の周りには、不調な会社に、オーナー親族がお金を貸し、会社が倒産して親族が路頭に迷った例が多くあります。かつてお金持ちの跡継ぎとして活躍されていたある人に、「資金繰りのためにお金を貸してほしいと何度も言う息子にたくさん貸してしまったので、もう預金は何もないの」と、寂しそうに言われたことがありました。その人は、お元気な頃に活動されていた老人施設で亡くなられました。

個人の資金を貸し出すことは見直すべきです。不調な会社にお金を注ぎ込んでも回復できない、と考えることが常識的な判断なのです。

債務超過会社への「貸付金」にも相続対策

――平美都江の相続人心得

自身の会社への貸し付けは避け、金融機関から借りる

赤字でも農業を続ける理由

さて、もう一つ、父から相続した重要な財産が会社でした。私は父の平農林の株を「相続」して正式に社長となり、会社のあり方から大きく変えることにしました。

まず、引き継いだばかりの平農林をいったん平鍛造に合併吸収して、平鍛造の一部門として再スタートさせることにしました。

農業部門でも利益を出すため模索し始めましたが、平鍛造の株を90%売却した後に、親会社から「本業以外をやるべきではない」との示唆があり、かつ利益も見込みがな

く撤退を決めました。畑を元の水田へ戻す工事費用支出の許可を得て、戻しました。

そして、私の「後のこと」まで考え、私とほか2人の方の出資金3億円で、新たに農地保有適格法人を設立しました。

当面は私が社長を務めますが、私が続けられなくなったときでも、会社を存続していくことができるようにしています。

果物の栽培は、大変な人手と手間がかかります。ましてや無農薬栽培でやるとなると、とんでもない労力が必要です。

その点、稲作は日本全国で、田植え、草取り、稲刈り……、と最も機械化が進み、人手をかけずにできるようになっています。

人手の合理化で、果物から米に転換し、父が目指した無農薬栽培を米で続けます。

亡き後の農業法人で継続・黒字化できる方法

現在、農業法人の10ヘクタールの売り上げは年に6000万円。黒字になる目処はまったく立っていませんが、乾燥場、田植え機、コンバイン、トラクターなど、設備はひと通り揃えました。

これらの機械があれば、将来的にも作付面積を増やせるだけでなく、米以外の麦や大豆にも挑戦でき、うまくいけば黒字転換も期待できます。

農業の場合、一年に一度の収穫なので、100ヘクタールでやっと高額な設備投資を償却でき、利益を出せるといわれています。

相続財産を活用しこれだけの設備投資を行ったので、必ず後継者は現れると確信しています。

少なくとも現在は、「私の後」の目処をつけられたと、ある意味すっきりした気持ちで取り組んでいます。2023年年初、欧州最高の知性といわれているジャック・アタリ氏の予測では、早晩食糧危機がくるとのことですから、自分自身が農業をする意義もあるようです。

平美都江の被相続人心得

新しい事業を始めるときは「後のこと」を考える意味・意義を伝えておく

消滅した土地神話が亡霊のように付きまとい

どうすればよいのか途方に暮れる地方の土地

さて、さらに重大な問題は不動産です。

私は父から、広大な土地、田畑、山林を「相続」しました。昭和7（1932）年生まれの父は、「土地神話」を信じて疑わず、個人としても、また会社としても工場を拡大していくため、羽咋市内の土地を次々と買い続けました。あまりに広大な土地を手に入れたため、そのうち羽咋市をまるごと手中にするのではという噂が立ったほどです。

1980年代末のバブル崩壊により、「土地神話」はいったん消滅したように思え

ます。しかし、消滅したのはまさに弾けたバブルの部分で、真に価値のある土地の命脈は保たれました。地価は下落することなく、上昇し続けたところもありました。

しかし、それは全国でも東京、大阪、名古屋などのごく一部の土地ではないでしょうか。

人口減少のあおりをもろに受けた地方の土地の多くは、その後も下落し続けました。父が広大な土地を所有していたため、私はおびえました。

「財産」としての売却価格は下落しているのに、「相続税」評価額で納税しなければならず、「貸付金」と同じ現象が、土地の相続でも起こり得るからです。土地の場合、維持管理する費用や、残された古い建物を取り壊す費用も必要です。それは重圧となって私に迫っていました。

しかし、当の父はといえば、土地を持っていることの「危うさ」はまったく考えようとしませんでした。

鍛造という「ものづくり」では天下無双の父にとって、〝土地こそが最大の財産である〟と信じて購入し続けることはあっても、そこに大きな問題がはらんでいるなどとは夢にも思っていなかったのです。私はそんな父に何も言えませんでした。

父のような方は、今でも多くいらっしゃいます。地方の相続人の方々が気の毒で仕方がありません。

「相続」する側の「相続人」としては、自分が購入してもいない土地に思い入れはまったくありません。父が取得した土地の使い途に、意義や意味を見出せないのです。そもそも土地を所有している理由が不明、というのが正直なところです。

実際に父が亡くなると、これら広大な土地の処分ができないというおそれが現実となりました。

後述するように、土地などの不動産は、被相続人が生きているうちにぜひ現金化しておくべきです。

とはいえ、私は簡単に土地を手放すことを躊躇《ちゅうちょ》しているのも事実です。父は祖母から「田んぼ一枚を持つことが一人前の証」だと言われて育ちました。「土地神話」が崩れたとはいえ、成功を目指して広大な土地を手に入れた父の意志を尊重しなくていいものでしょうか。

すでに父が亡くなり、これほどの土地を手に入れた父の狙いがわからない今、処分してよいのか、悪いのか、私はどうすべきなのか迷っています。この土地はもう人に譲ってもいいでしょうか？　地図を睨みながら、毎日のように亡き父に聞いています。

悩んだときにできたＦＩＴ制度に飛びつき、会社所有の土地約50ヘクタールのうち、利用していないのに一番管理費がかかっていた10ヘクタールの土地を太陽光発電の用地にしました。

その結果、売電価格１期目の最高額で売電でき、現金収入を得ることができるようになりました。これも土地を持っていたからこそできたことです。太陽光発電は、広大な土地の利用としては、最大かつ最後のチャンスだったと思います。

現実的には、土地を有効利用することは非常に厳しいものがあります。だからといって売ることも容易ではありません。土地の利用方法がわからないまま、毎年、固定資産税、都市計画税、除草費用、町の万雑《まんぞ》費といった管理費を支払わなくてはなりません。

「アパート経営」も相続対策では期限切れ

土地持ちの「相続対策」として一時期、喧伝されていたのが「アパート経営」です。

アパートを建てると、その分、土地の評価額が低くなるため「相続税」を抑える効果があります。また、アパートからの家賃も入ってきます。

資産をマイナスにする借金をして（ローンを組んで）アパートを建てると、月々の返済は家賃で賄え、ローン返済を終えた後は、家賃はまるまる自分の懐へ入る。悠々自適の老後を送ることができる……。一石二鳥、いや三鳥の「相続対策」だとずいぶん喧伝されました。

いいことずくめのように聞こえ、実際バブル崩壊前は、そうする人が大勢いました。すでに土地を持っている人ばかりでなく、わざわざ土地を購入してアパート経営を始めた人もかなりいたはずです。少しお金を持っている人は、猫も杓子も借金をしてローンを組んで土地を買い、アパートを建て、その経営に乗り出したわけです。

私の地元の羽咋でも、このスキームのアパートをよく見かけます。ほぼほぼ「相続対策」で建てたと聞いています。当時のブームを思えば、ここでもそんな人は多かったのです。

ところが、それから30～40年が経った現在、そのアパートはどうなっているでしょうか。どのアパートもガラガラに見えます。築30年を超えるところでは、4戸中、入居しているのは1戸だけ、というところもあります。

思ったように家賃は入らず、ローンの支払いで精一杯、いや多くのところはおそらく赤字でしょう。アパートは古くなる一方なので、家賃下げ競争にも巻き込まれます。数年空室のままのアパートも珍しくありません。

こうなると、アパートはもう相続人の重荷でしかありません。ところが、今もなおガラガラアのパートの横に、新築アパートを建てている人がいるから驚きです。

住宅メーカーに知人がいるので、この話をすると、「まったくその通りです」と、「相続対策」としての「アパート経営」は、近年効果がないことを認めていました。しかし、そう言いつつも、そのメーカーでは相変わらず「アパート経営」を宣伝し続けています。こういうのは、果たしていかがなものでしょうか。

幸い私の父は、アパート経営には手を出しませんでした。しかし、近所にこれだけガラガラのアパートを見かける以上、相続で苦労した身としては、ひと言記しておかなければ、という気持ちにもなってくるのです。

というのは、ただでさえ売却が難しく、相続人を悩ませるのが土地なのに、土地の上にアパートがあればそれが余計に難しくなってしまうからです。

土地を持っているかぎり、「相続」は代々続いていきます。「相続対策」としてできた「アパート付きの土地」は、更地よりもさらに売りにくく、子どもたち、孫たちにさらに面倒を背負わせてしまうでしょう。不動産業を営む知人からは、相続人から売ってくれとの依頼が増加の一途と聞きます。しかし、売れないのが現実だそうです。

私は、父から「相続」した土地を、基本的には手放す方向で進めています。しかし、やはり売れないというのが現実です。今後は、損切りも覚悟です。

父が憧憬の念を抱いていた代々続く大地主は、地方においては、破綻寸前の状態かもしれません。なぜなら、地主の収入である家賃収入が人口激減で見込めなくなり、地主の費用のみが嵩《かさ》んでいるからです。

大都市の中心部の土地はいざ知らず、過疎化が進んでいる地方ならば、もはや土地そのものがリスク要因です。すぐに手放すべきでしょう。実際に手放そうとしている私が今苦戦しています。何度も言うようですが、父が生きていた時代に信奉されていた「土地神話」は、一部の都心を除いては完全に崩壊してしまっているのです。

できることならば、被相続人が元気なうちに、ご自身で売っていただくことがベストでしょう。

相続税評価額と、実際に売れる価格との恐怖ともいえる差と、先祖や親の思いが相続人に亡霊のように付きまとうからです。こうしたことは、被相続人が、生前に土地を売っていただければ問題は解決します。

――平美都江の被相続人心得

土地・建物を所有しているかぎり相続の課題は続く

子孫のためにも早めに現金化。流動資産で増やす

第7章

相続税VS贈与税
あるいは
譲渡税VSみなし配当税

失敗したくないなら
税率を考慮

中途半端な贈与の後悔

「自社株」の総額＝単価×数量×税率

ここまでお話ししたように、平鍛造と平農林の二つの会社の「相続・事業継承」については、いちおう目処がつきました。

しかし、それでも「相続」の問題は終わりませんでした。**一つの相続（一次相続）が終われば、すぐに次の相続（二次相続）の準備を始めなければなりません。**

次に控えているのが、いよいよ最後、私自身の「相続」です。私の財産を、二人の娘へどう「相続（贈与）」すれば最善なのか。私にとって最後の課題です。

私が動き出したのは2016年、会社売却の3年前のことです。

2016年といえば、父に成年後見制度を適用させるため、駆けずり回っていた頃です。父の遺伝子を持っている私は、いずれは同じような病気を発症するかもしれないと不安になっていました。

父が起こした数々の〝事件〟の経験から、私の死後、あるいは意思の疎通が難しくなったとき、子どもたちが困らないよう早めに相続に関して手を打っておこうと考えました。

レビー小体が脳に蓄積する原因の一つに遺伝的要素があるとされたり、逆に遺伝の可能性は低いとされたり、実は詳しいことはわかっていません。しかし、経営者であるかぎり、私としては、責任を果たせなくなる不安についてはなんらかの対策を講じるべきです。娘たちへの「相続・事業承継」は早めにしなければ、と強く思いました。

私の死後、娘たちが「相続」するものの中で最も価値が高く、同時に税金という重い負担を背負わせてしまうのが自社株です。

会社の業績はどんどん良くなり、株価も倍々のペースで高くなると想定していました。それに伴い相続税も上がる一方です。早いうちになんとかしなければなりません。もう秒読み段階に入っていました。

自社株をどう相続させればよいのか。どのような形が最も理想的なのか。生前贈与も含め、私はあらゆる可能性を探りました。

考えるべき要素は大きく二つありました。「株価（の変動）」と「税率」です。

娘たちに「生前贈与」すれば、たとえ「贈与税」が相続税と同率であっても、まだ自社株の価格が安いうちにならば、実際に納める税金の総額を低く抑えることができると考えました。相続はすべてを一時にやらなくてはなりませんが、贈与は少しずつでもできます。

私は、**山田&パートナーズに株価のシミュレーションを依頼し、監査役の弁護士に自社株の生前贈与を相談しました。**

中途半端で失敗……考え抜いた末の生前贈与

２０１６年当時、平鍛造は新規に開拓した品目と、海外の客先からの受注が大幅増になり、絶好調の状態でした。しかし、実際に利益が爆発するのはまだ先のことです。なぜなら、決算でのマイナス累積が残っているからでした。青色申告で以前からの高額設備投資の一括減価償却費がマイナスとして残っていました。

利益が連続して出ていないこの時期は、株価もまだ高額になっていません。しかし、1年も経てば、利益が大きく増え、マイナスの蓄積がなくなり、それに連動して株価も急上昇していくでしょう。

私は今しかないと思いました。株価をこのままなんとか抑えているうちに、自分が持っている自社株を娘たちに「贈与」するのです。そのためのシミュレーションを山田&パートナーズ金沢事務所に依頼しました。

娘たちの給与では、税金の支払いは大変な負担です。当然、少しでも軽く済ませたいと思いました。私は、**未上場会社の株価がどう変動するのか、会社の純資産から漠然と予測を立てていましたが、ここは自分で計算するのは危険、間違いは許されないので、セカンドオピニオンとしても、正確に計算してもらおうと思いました。**

監査役である長原弁護士には、定款変更を依頼し、種類株式を作ってもらいました。

種類株式とは、株主の権利内容が異なる株式のことです。普通株式は各株式の権利が同一ですが、種類株式は、配当や議決権、譲渡などについて、異なる特典や制限を定めることができます。

私は会社の定款を変更して、自社株を議決権付き株式と、議決権なし株式に分け、議決権なしの株式を「生前贈与」してみることにしました。私は議決権付きの株式を保有します。会社経営で経験・勉強不足な娘たちには議決をさせず、私が単独で決断するという意味です。

「贈与税」は「相続税」と同様、累進課税で総額が大きくなれば高率になりますが、贈与の場合には、少しずつで総額を抑えることが可能です。

私は納付金を持っていない彼女たちに現金を貸しました。返済は、株の配当から25年かけて毎月払ってもらうのです。かつて甥が弟の自社株を相続したとき、母親から現金を借りて配当で返済したのとまったく同じ方法です。

ただ、私は失敗しました。思い切ってさらに多くの割合を娘たちに贈与すべきだったのです。そうすれば、「贈与」時は高額な贈与税を納付せざるを得ないとしても、その後、それを補って余りある利益が見込めるからです。二次相続回避が可能でした。

というのは、この後、私は議決権付き株式で、単独決議によって会社を売却しました。その際、娘たちも少しの割合でしたが株を売却することになり、その売却代金を直接、手にできたのです。

図表E　贈与税の速算表

【一般贈与】

基礎控除後の金額		税率	控除額
0万円超	200万円以下	10%	0万円
200万円超	300万円以下	15%	10万円
300万円超	400万円以下	20%	25万円
400万円超	600万円以下	30%	65万円
600万円超	1,000万円以下	40%	125万円
1,000万円超	1,500万円以下	45%	175万円
1,500万円超	3,000万円以下	50%	250万円
3,000万円超		55%	400万円

【特例贈与】　20歳*1以上の者が直系尊属より受ける贈与

基礎控除後の金額		税率	控除額
0万円超	200万円以下	10%	0万円
200万円超	400万円以下	15%	10万円
400万円超	600万円以下	20%	30万円
600万円超	1,000万円以下	30%	90万円
1,000万円超	1,500万円以下	40%	190万円
1,500万円超	3,000万円以下	45%	263万円
3,000万円超	4,500万円以下	50%	415万円
4,500万円超		55%	640万円

＊1：令和4年4月1日以後の贈与により財産を取得した場合は18歳

実際、その1年後、会社は私が予想していた以上の好調さで利益を上げ、株価は急上昇しました。

もう少し多くの割合を贈与しておけば、私の「相続」を待たずに、直接、娘たちに財産を渡すことができました。これが二次相続回避です。

しかし、何度も書いているように、**私自身の自社株を早めに現金に換えることができたことは事実です。ベストではなくても、ベターな選択ではあったと思います。**

相続テクニカル・コラム⑫

事業承継税制

事業承継税制として、「非上場株式等についての贈与税・相続税の納税猶予・免除」の制度があります。簡単に言えば、先代経営者が、後継者に株式を譲渡した場合において、その株式に関する贈与税・相続税の納税が猶予され、その後、納税猶予の取消事由に該当することなく経過し、免除事由に該当することとなれば、免除を受けることができるという制度です。なお、納税猶予の取消事由に該当することとなった場合には、猶予を受けていた贈与税あるいは相続税を納税する必要があります。

ところで、この制度については、一般措置と特例措置があり、特例措置については、納税猶予の取消事由の要件が緩和されるなどしており、一般措置よりも免除が受けられやすくなるなどしています。

この制度につきましては、いろいろな要件がありますので、専門家にご相談の上、きっちりと適用できるのか確認してください。

たとえば、美都江氏の場合には、先代経営者に当たる美都江氏がまだ代表権を有していたため、また、後継者に当たる娘さんたちが代表権を有していなかったため、先代経営者や後継者などの要件を満たさず、本制度は利用できませんでした。また、美都江氏が贈与したときには、一般措置しか存せず、実際に免除を受けるまでの間の制約なども特例措置と比較し、厳しいものがありました。

なお、現行の特例措置については期限があります。贈与の場合には、期限内に実施することが可能と考えられますが、相続の場合には、いつお亡くなりになるかわからないため、死亡時期によって特例措置の対象期間後になってしまう可能性がありますので、利用できるかどうかわかりません。

さらに、今後も、税制改正などがないともかぎらず、最新の情報にもご留意ください。

（弁護士　長原悟）

相続テクニカル・コラム⑬

無議決権株式などの種類株式

株式会社において、株主は保有株式数に応じて平等な権利を有します。

もっとも、会社法では、異なる内容の種類株式を発行することが可能です。

たとえば、A種類株式とB種類株式の2種類の株式を発行する場合には、A種類株式の株主間において不平等な取扱いは認められませんが、A種類株式の株主とB種類株式の株主との間において、権利内容が異なってもかまいません。

このような種類株式には、会社法に定められた一定のものがあり、無議決権株式は、株主総会において普通株式であれば認められる議決権がない種類の株式です。

無議決権株式は、株式の経済的権利（たとえば、配当を受ける権利など）について、他者に持たせたいが、会社の支配権はそのまま維持したいときなどに用いられます。たとえば、従業員に企業価値を向上させるモチベーションを持たせるために無議決権株式を保有させるけれど、会社の支配権を維持するため、議決権のある普通株式について、全株式を保有し続けるなどといったケースです。

美都江氏は、娘さんたちに株式を贈与するにあたって、この無議決権株式を用いました。美都江氏が会社の支配権をそのまま維持するためです。

なお、種類株式を発行する場合には、定款変更などの手続きが必要になります。

また、ひと口に無議決権株式といっても、定款の定め方によって無議決権となる決議事項の範囲が異なってきますので、注意が必要になります。

会社法では、無議決権株式以外でもさまざまな種類株式があります。それぞれの会社において、その会社をめぐる事情は異なっていますが、種類株式を発行することによって、その会社にとって相応しい株式の内容などにすることができる場合があります。
種類株式の発行などを検討する場合には、ぜひ弁護士などの専門家にご相談ください。

（弁護士　長原悟）

「現金」にしておくことに勝る方法はない

多い相続人はもめて当たり前

私の「相続の体験」の話も、そろそろ終わりに近づいてきました。

繰り返しになりますが、「相続」で問題が起き、そのときに何かしようとしても、**「相続人」の立場でやれることはごくごく限られています。「被相続人」、つまり、財産を持っている人がまだ生きているうちに、あれこれと手を打っていかなければ、「相続人」は本当に大変な苦労をするのです。**

父の性格もあいまって、私にとって「相続」はあくまで主観的には「地獄の体験」でした。しかし、客観的に見れば、恵まれていた面が多くありました。

それは、母の相続では、「相続人」は配偶者である父と私と弟の3人だったことです。

しかも父にすべての決定権がありました。

また弟の相続では、「相続人」は配偶者の妻（私にとって義理の妹）と、息子（甥）の二人だけでした。

父の相続では、「相続人」は私と甥の二人だけでした。

いずれの場合も「相続人」の数が少なかったことで、面倒なことが起きずに済んだ可能性は高いと思います。確かにそれぞれ言い分があり、もめたことは事実です。しかし、それでも人数が少なかったために、直接話し合ったり、説得したり、ということが可能でした。そして実際に解決することができました。

しかし、世の中の多くの「相続」のケースを見れば、兄弟姉妹が3人、4人それ以上、しかもその配偶者や子どもがいるケースなども多くあります。

人数が少なかった私たちのケースですら、肺腑《はいふ》をえぐられ、心臓を摑まれるほどの思いでした。「相続人」が増え、各人、その配偶者や子どもがバラバラのことを言い出せば、どれほど面倒なことになるか……。

よく聞くのは、相続人本人は「相続」の大変さを理解し、どこで妥協すればよいのかわかっているのに、配偶者や子どもたちが「どうしてもっともらわないの!?」「ほかの兄弟はもっともらっているでしょう！」と、相続人を責め立てるということです。

「相続」とは、もはや相続人だけの問題ではなく、その家族全体の問題となるわけです。どこかで線を引かなければ、発言者は限りなく広がってしまいます。こうなると、相続人たちはもう想像さえしたくないというのが本音でしょう。

しかし、世の中には確かにこのようなケースは存在します。読者の皆さんの中にも、同じような悩みを抱えている方は、きっといらっしゃると思います。

特効薬は「現金」

もう一つ、**私が恵まれていたことは、現金が捻出できた**ということです。固定資産や自社株に対して納付する現金が、ぎりぎりあったのです。

「相続」のケースは実に多用で、その一つひとつに対処して解決していくしかありませんが、あえて我がファミリーの実例からいえるのは、**「すべての「相続」に共通の特効薬を一つあげるならば、それは「現金」である」**、ということです。被相続人がまだ生きているうちに財産を可能なかぎり「現金」に換えておいてもらいたい、すぐ現金化できる資産にしておいてもらいたいということです。

すでに述べたように、地方では相続財産としての土地の価値は暴落していると言ってもいい状況です。売買が盛んに行われているような都心のごく一部ならともかく、田舎で使い途がなくなった土地を持っているメリットは、もはやないと言っていいでしょう（もちろん農業をしたり、太陽光発電の敷地にしたり、使い途の明確な土地を持つ意義は大いにあります）。

法務省のホームページでも検索できますが、この相続土地について解決を図るべく、2023年度から「相続土地国庫帰属法」が新設されます。つまり、国全体としても大きな社会問題になっているからです。

私が、父から「相続」した農業会社が保有する10ヘクタールの土地についても、まとまった3ヘクタールのうち2ヘクタールは私自身が、残りの1ヘクタールは農協に委託して稲作をしています。

しかし、残りの7ヘクタールは各所に点在しているため、設備投資して揃えた数々の農業機械を使っても、耕作は非常に非効率的です。どうしようもありません。これもやはり手放すのが一番です。

そこである日、私はそのバラバラの水田の一つに隣接する農家の方に声をかけました。

その人なら、地続きの水田ですから、ひょっとしたら……と期待して「土地をもらってくれないか」と切り出したのですが、即刻、「いやいや、けっこう、ただでもいらない」と断られました。その後、地方自治体が運営している農地バンクを利用し、耕作してもらえることになりました。

余分な土地をもらっても、今後、管理していく体力もお金もない、それどころか余分な固定資産税を払わねばなりません。ほかにも、この地方では町内ごとの万雑と称する管理費もかかります。

これが現実なのかと、ため息が出ました。**ただでもほしくない、つまり、人に譲れない――それが田舎の土地の現実**なのです。

たまにテレビで、古民家を手に入れてリフォームして田舎暮らし、スローライフを満喫している若者や、リタイアしたご夫婦などを見ることがありますが、それはごくまれな事例だから話題になるのでしょう。

現実には地方の市町村では、朽ちた古い家や、背丈を超えた雑草が生い茂った元水田が放置され、ますます重大な社会問題となっています。

「財産は現金にしておくのが一番」と言いながらも、私自身、土地を現金化することに非常に苦労しているわけです。しかしだからこそ、私は声を大にして、「財産は現金にしておきましょう」と、何度でも言いたいと思います。

現金だけですか？　そんな疑問を持つ方もいるかもしれませんが、相続税を納めなければならないことで、財産は三代でゼロになると言われています。それならば少しでも現金化して、その**現金を元本として投資信託などで増やしたほうがずっと効果的でしょう。金（ゴールド）は、レートが毎日変化して現金化しやすく、その利回りは固定資産よりいい**でしょう。インフレ対策にもなります。

将来、「相続」で苦労しそうだと思っている方は、相続人・被相続人の方を問わず、ぜひ私の苦労の結晶である本書をお読みいただき、「相続」とは、これほどまでに「困難」なものなのかと認識してください。そして、より良い「相続」へのきっかけにお使いくだされば幸いです。

そして、被相続人の方がまだ元気なうちに、財産を可能なかぎり「現金」にしよう

図表F　相続税の控除額

法定相続分に応じた各人の取得金額		税率	控除額
1,000万円以下		10%	0円
1,000万円超	3,000万円以下	15%	50万円
3,000万円超	5,000万円以下	20%	200万円
5,000万円超	1億円以下	30%	700万円
1億円超	2億円以下	40%	1,700万円
2億円超	3億円以下	45%	2,700万円
3億円超	6億円以下	50%	4,200万円
6億円超		55%	7,200万円

と声がけして、一緒に「現金化」を進めていただきたいと思います。住みにくい長年の自宅を処分して介護付き老人ホームに入る方が、年々増えているのもご存じでしょう。

ご本人にも、その親族にもより良い晩年を安心に快適に過ごせる一つの方法です。

ちなみに、相続後では、住む人がいなくなった家の解体費用は、相続税から控除できません。相続評価額は、相続時点の財産についての評価だからです。

何度も述べるようで恐縮ですが、価値の高い財産を「相続」すればするほど、高い「相続税」は、〝現金〟で納付しなければなりません。

「生前贈与」だけが手段ではありません。できるだけ財産を現金や現金化しやすいもので持っていれば、なんとかなるのです。

「相続」については、既述のように複数の「相続人」の間でもめるなど、ほかにも山ほど問題が噴出します。固定資産のような相続人が納得できるように分割できない問題が生じても、「現金」が均等分割に最適な財産であることは自明です。

平鍛造を永続する方法を模索

継続を願い創業時の社名「平鍛造」に

独裁者かと思えるような振る舞いをした父は、常日頃から「自分が死ぬときは、平鍛造の終わりだ」とも言っていました。

財産を持つ「被相続人」として、あるいは親として、とんでもない発言だと思いましたが、冷静に考えれば、父が創業して父が築いた財産ですから、それを自由に使いたい、使い切りたいと、自分の気持ちを率直に堂々と述べることができるあっぱれな人だった、ともいえるわけです。

ただし、会社のほかの株主としては迷惑な考え方です。そもそもこの考え方がすべての元凶だと言っても過言ではないほどです。

今風に言えば、ステークホルダーあっての会社ですから、長年のお客さまからの注文、働いてくれた従業員、そして関係会社、地元の皆さまに支えていただいて、会社は成り立っていました。

当然、私たち家族も協力しました。父はあまりに苦労が多かったせいもあり、自分だけが頑張ってきたわけではないことを忘れていたのかもしれません。

しかし、父の歩んできた人生を振り返れば、車鍛冶の三男坊に生まれ、父が病で倒れてから貧乏のどん底を体験し、一旗揚げようと19歳で上京して自分の腕一本で伸し上がってきた。

そして、ここまで成し遂げたことを誰もが認めています。

辛酸を嘗め、叩き上げてきた財産であり、父が「全部自分のもの」と言ったのは、父にとっては当たり前の真実だったのでしょうが、周囲は混乱に陥りました。

最後の最後まで、自分のお金で平鍛造から連れて行った従業員たち15人に自分の身の回りの世話をさせていたことも、自分を貫くという父らしい行為でした。

奇想天外な人でしたが、立志伝中の人物であったことは間違いありません。その上、引退後、自分の財産が100億円を超えることがわかったからでしょうか、地元の学校へ教材を提供したり、公民館へ備品を寄贈したり、国の重要文化財のお寺には修復資金を出し、町内の道路の整備などにも多額の寄付活動を行っていました。

このようなことから、私は父の死後、少しでも父の偉業を残せる方法を模索しました。

まずやるべきことの一つが「平鍛造」の社名です。鍛造に打ち込む父、平昭七をそのまま表現した名前です。

前述したように、父は2007年に平鍛造ほか3社を合併して、社名を「羽咋丸善」とした時期がありました。

客先からは「なぜ、平鍛造の名前をなくした?」「戻したほうがいい」などと再三ご指摘を受けていたのですが、その後、「廃業」騒ぎになったことで、社名について考え直す余裕はなく、裁判後、私が社長を引き継いでからも、ずっと社名は「羽咋丸善」のままでした。

勝手に閉鎖したと怒りが収まらない客先もあり、社名を元に戻すことは頭の隅にあったものの、その後、海外での取り引きが大きく増えて、海外では「羽咋丸善」の名前が浸透しつつあったため、タイミングを失っていました。

しかし2019年9月、私は会社を売却してその後も社長を続投すると、その翌年、これが最後のチャンスと思い、2020年6月1日、親会社からの承認も得て改めて社名を「平鍛造株式会社」に戻しました。そして2021年6月28日、自分が持っていた残り10%の株を売却し、正式に退任しました。

こうして株はすべて売却し、会社は創業家とまったく関係はなくなりましたが、「平鍛造」の名は残ることになりました。父が創業した名を残したかったのです。多くの取引先様から、平鍛造の名前に戻して良かったと言っていただいたことで、責任を果たせたと思いました。

財団設立で地元貢献に年1億円の寄付

もう一つ、父は「俺がつくった財産は、俺のために使って死んでいく」と、言っていましたので、私は、父のお金は勝手に使うわけにはいかないと考えました。

私は、母が亡くなった後の相続のときから、財産は絶対もらわない、自分で稼いだお金で生活すると決めていました。

父が遺したお金は、父の望み通り、父の偉業を語り継ぐために使いたいと思いました。そこで考えたのが財団の設立でした。財団の活動を通して、あたかも父が生きているかのように寄付をするのです。

甥も、私のこの考えに賛同してくれ、相続放棄を申し出てきました。その理由は、もう生まれた家には戻らない、土地や物をもらっても管理できないし、管理をする余裕はないから、とのことでした。

ここで、父が一代で財産を築いたその精神が我々に引き継がれた、ということでしょうか。


父の死後、私は広大な土地を相続したため、その相続税を現金で納めなければなりませんでした。その上、固定資産は財団へはそのまま寄付できない、つまり財団の基金にはできないのです。

しかし、父は現金も遺してくれましたので、この現金で「相続税」を納付しても、後に現金15億円が残りました。それを基金として2018年に立ち上げたのが、「公益財団法人平昭七記念財団」です。

先進医学の研究や合理化医療、教育機関への教材や器具の助成、介護施設や障害者施設への省人化設備、農業経営改善活動に対する支援などを目的に、1年に約1億円の寄付を15年間（父が100歳になる年まで）続けていこうという趣旨の団体です。

「金は己のために使う」と言っていた父のことですから、きっと自分の名前で地元の人たちに寄付することを望んでいたはずです。

その望み通り、地元では「平昭七記念財団」のロゴのラベルをあちこちで見かけるようになりました。

病院で使われている先進医療機器、小学校や中学校のグランドピアノやマリンバ、介護施設のリハビリ機器、農業のためのブルドーザーやドローンなどなど、よく見るとどこかに、緑のラベルの「平昭七記念財団」というステッカーが貼られています。

寄付のたびに新聞にも掲載され、平昭七の名はより広域で知られるようになりました。

コロナ渦で、日本中でマスクがなくなったときは、介護商品商社メディペックに依頼し、中国から1億円分のマスクを仕入れてもらい、石川県すべての病院、介護施設に、石川県健康福祉部を通じて配布をしてもらいました。

「寄付してくれてありがとうございます。いいことをしていますね」などと、私自身よく言われます。「私がしているのではなく、父がしているのです」と、私は心の底からの思いで、そうお応えしています。それは、父が「俺の財産は、俺だけのために使う」と言っていたからです。真実、父の財産ですし、**死せる平昭七、今も寄付を続ける**、です。

父が住んでいた家も、財団の管理にすることにしました。かなり大きな屋敷なので、売ろうとしても売れる見込みはありません。そこで私がいったん相続し、それを財団に寄付する形にしました。現在は財団事務所として使用しており、ゆくゆくは父の偉業を展示するつもりです。

甥は東京で歯科医、娘は司法書士・社労士

甥はその後、30歳過ぎからの猛勉強で大学に入り直し、今は東京で歯科医をしてい

ます。医学関係の仕事に就くことは、以前から本人の希望でした。彼の父（私の弟）が生前、望んでいたことでもあります。

甥の母親、義妹は、もともと住んでいた家は大きすぎるとのことで、会社の土地と交換する形で、今は小さい家で暮らしています。元の家（武家屋敷のようで私たちは上屋敷と呼んでいます）は、財団の事務所にしました。

私の長女夫婦は、平鍛造の経営の承継を希望していたのですが、私が独断で会社売却を決めたため、怒って二人で東京へ行ってしまいました。

しばらく音信不通でしたが、その後、連絡が取れるようになり、東京で司法書士・社労士事務所を開業しました。

当初はずいぶん腹を立てていましたが、私が平鍛造のすべての株を手放して社長からも退いた2021年6月、花束と共に、「長きにわたってお疲れ様でした。まずは壮絶なる戦いを終え、次なるご活躍を祈念いたします。ありがとうございました」というメッセージを贈ってくれました。

「壮絶な闘い」だったことを娘もわかってくれていたのでしょうか。何よりも嬉しいメッセージでした。

そして私は今、平鍛造の売却後、株式会社インプルーブメンツを設立し、改善ディレクターやセミナーを開催しています。もう一方では父から相続した土地で農薬や化学肥料を使わない自然栽培による稲作も続けています。なんとか父の遺志を継ごうと、果物から水稲に変えて農業を続けることにしました。父が掘った井戸の循環水を使いながら続けています。

２０２１年、２０２２年と、この自然農法米は旨味ランクではS等の数値を得ました。甘味があり、もちもちとした食感の最高の味を出すことができ、金沢のデパートや、道の駅で高額で販売されています。まだまだ赤字ですが、細く長く続けるつもりです。

父は平鍛造を引退したとき、すでに75歳を過ぎていました。今の私には、そのときの父の心境が手に取るようにわかるような気がします。

父はとにかくモノを作り続けたかったのでしょう。いつまでも現役で働き続けて、自分の能力を示したかったのです。それは今の私そのものです。

生きた爪痕をなんとか残そうと考えています。このような本を次々書いているのもそんな動機があればこそ、です。

平ファミリーは、父に、そして私にも振り回されたあげく、バラバラになったように見えます。しかし、それぞれが自分の道を見つけ、愚直に、ひたすらに進んでいるのも事実です。そんな姿勢もまた父が遺してくれた言葉、「若いときは汗流して働かないとダメや」を、みんな受け継いでいるのかもしれません。

――平美都江の相続人&被相続人心得

「相続」した財産の意義を考え相応の使い方をする

地域に会社の存続を願い何を子ども達に残すのか自分自身に問い続ける

おわりに

相続・事業承継に ベストはないと割り切る

「相続」とは、親の財産を譲り受けて楽に暮らすことではありません。「相続人」とは、親の財産を頼りにのんびりと気楽に暮らす人間などではありません。相続人には相続人になってみなければわからない、深い苦悩があります。

また、関係者全員が満足し、後悔しない「相続・事業承継」などあり得ません。私にとっても、「相続・事業継承」は暗い闇の中を進むようで誰にも言えないような体験でした。

「相続で地獄を見た」――とは、大げさに聞こえるかもしれませんが、決して少なくない方々が、私のように苦闘されているのではと、想像しています。

父を深く尊敬しつつ、同時に、父の人生観・死生観に振り回されたネガティブな感情を抱いている――私の中には父への感情として、このような矛盾した思いが入り交じっているというのが、本当のところです。

こう書けば、事情を知る人は、私が起こした「裁判」を思い浮かべるかもしれません。私は会社の経営権をめぐって、「裁判」で父と争いました。

父は晩年、病を抱えましたが、自分ではそれを認めず、会社を混乱させていきました。レビー小体を患ったことで、私が尊敬する以前の父ではなくなりました。

レビー小体は、記憶力はあまり衰えない特徴がありますが、父の場合は、頭の中を整理して端的に物事を判断するという父本来の優れた能力を発揮できなくなったのです。父は、それをわかっていたのか、自ら創業した会社を自らの手で葬り去ろうとしました。

私は、父の後継者として事業を承継していかなければならない困難とともに、父の子として感謝すべき存在の父と対立して父を悲しませてしまうという辛い気持ちに苛まれました。二律背反する苦しみを味わいました。

会社は廃業しましたが、裁判提訴で、会社の継続を図りました。自分の持っていた自社株の権利を主張し、なんとか和解で解決することで、会社は存続できることになりました。父が創業した会社とその偉業を守りたいという執念と、父への申し訳なさを同時に持ち、私は再興へ闘志を燃やしました。

やむなく起こした裁判でしたが、世間では「骨肉の争い」と興味本位に語られ、私は親をないがしろにした「人でなし」と、面と向かって罵倒されたことも一度や二度ではありませんでした。

そして、２０１９年12月、自社株を売却し、平鍛造は、大手上場企業の子会社になりました。さらに、２０２１年６月に私は社長の座を退きました。

あれほど心血を注いで存続させた会社をどうして？　と不可解に思う方もいるでしょう。**私はまったく後悔していませんが、自社株の売却をはじめ私が下してきた決断について、周りの人たちが十分に理解していたのかと聞かれれば、そうではなかったと答えざるを得ません。**

そこで本書では、誰もが満足するとはかぎらない「相続・事業承継」について、私が経験してきたことのありのままを記しました。

頑強なワンマン経営者だった父に対し、私がそれをどう凌いで、どう闘ってきたのか、父の偉業をどう守ろうとしたのかがつぶさに理解できる内容になっていると思います。

現在、平鍛造は、オーナー経営から上場会社の経営に代わり、利益を出し続けています。かつて父が起こした「廃業」騒動で多くの仕事を失い、取引先が資材置場の材料を引き掲げて閑散としていたことが嘘のようです。M&Aにより、上場企業の子会社になりましたが、それによって平鍛造は、個人の命を超えて継続し、永続の道を歩

み始めたと考えています。

本書の執筆中に、何日も続けて父の夢を見て、汗びっしょりで目覚めました。滅多に夢に出てこなかった父が普通に私に話しかけてきます。元気な様子で怒ってもなく、母もそばにいます。それにもかかわらず、私は目覚めた後、怖くてしようがありませんでした。父への複雑な気持ち、割り切れない気持ちが、おそれという感情としてまだどこかに持ち続けているのかもしれません。

私は、前期高齢者の66歳です。これからは、24時間を自分だけのために自由に使いたいというのが嘘偽りのない心境です。想像もできなかったほどの安堵感と気楽さを実感しています。

平鍛造の株をすべて手放し、退職したことで、社会的責任から離れることができたからです。

また、自分の娘たちの「相続」についても、「相続は物ではなく、現金にしておく」という自説の通り着々と進めています。ほぼ目処が立ちました。被相続人としての難しい問題もクリアできたと考えています。

これからは、「やりたいことに挑戦した後悔のない人生だった。皆さん有難う」と、満足して人生を終えたいと思い、新しいことにもチャレンジしています。

そして、できるだけの社会貢献活動も今まで以上に続けていきます。

ここまで本書をお読みいただいたことに感謝いたします。そして、皆さまがご家族と相続・事業承継について、忌憚なくお話ができますよう祈念して筆を擱《お》きます。

最後に、私の二律背反する思いやこの本に懸ける思いが強すぎ、何度もの書き直しで、出版社や長原先生にはご迷惑をおかけしましたことをお詫び致します。

書いているうちに溢れ出てくる記憶が……、どうしようもなくなりました。

2023年早春

平 美都江

――平美都江の被相続人心得

「やりたいことに挑戦した後悔のない人生だった。
皆さんありがとう」と言って
人生を終えたいと思いつつ
新しいことにも努力する

決断

弁護士　長原　悟

私が、米国留学中の大学生の頃、「the buck stops here!」という言葉に触れました。アメリカ合衆国第33代大統領・ハリー・S・トルーマンの言葉です。日本語訳としては、責任は自分が取る、となろうかと思います。

本文にもありますが、平社長は、２００９年に、お父上を相手に、地位保全の仮処分の申し立てを行いました。私は、代理人として関わりましたが、４人対１３８人の劣勢でした。

幸いにも高等裁判所では、平社長が事業を継続できる形での和解で終えることができました。高等裁判所の裁判官には、大変感謝する次第です。

高等裁判所の裁判官には、平鍛造㈱（当時の羽咋丸善㈱）が地域経済において必要な会社であることをご理解いただいたのだと思っています。地域経済という面では、当時、すでに、平鍛造㈱の周囲において、現在の親会社であるＮＴＮ㈱などの複数の工場などが進出してきていました。平鍛造㈱は、地域経済において、大きな役割を果たしていました。

また、高等裁判所の裁判官は、平社長であれば、平鍛造㈱を再建できる、と理解してくれたものと思っています。平社長の前著の本などにおいてご自身でご説明していますが、私としては、その内容面もさることながら、エネルギーが迸《ほとばし》るようなノートに大変驚きました。このノートも数年分を、大量に証拠として提出したのですが、裁判官も、ノートをぱらぱらと眺めるだけで、この人であれば会社を再建できると考えてくれたのだと思います。

私が言いたいのは、このとき、平社長が、極めて劣勢な状況において、しかもお父上を相手に、裁判を行うという「決断」をしなかったらどうなったでしょうか。父上が莫大な資産を有していたのですから、相続を期待して、父上の機嫌を損ねるようなことはしないというのが普通ではないでしょうか。しかし、平社長は、「決断」しました。平社長が「決断」していなかったならば、今、平鍛造㈱は、存在していませんでしたし、地域経済においてもダメージがあったものと思います。この平社長の「決断」は、多くの人の賞賛に値するものです。

裁判所で和解し、自ら会社を再建していくことになったとき、平社長からは、鬼気迫るものを感じました。命を削って経営しているのではないかとさえ思えました。そして、平社長は、注文ゼロの状態から、会社を再建しました。再建どころか、廃業前よりも素晴らしい企業に育て上げたのです。

そして、事業承継の関係で、平社長は、二度大きな「決断」をしました。親族後継者を断念したときと、会社を売却することに決めたときです。私は、そのように決めたということで連絡を受けたのですが、いずれのときにも、私は、平社長の「決断」がちょっと早すぎるのではないかと思い、そのようなことを平社長に言ったと思います。会社を売却することに決めたときには、私が2回も売却することに後ろ向きなことを言ったので、お叱りを受けました。平社長も悩んだ上での「決断」であり、これ以上「決断」が揺らぐようなことを私に言わせないためだったと思います。平社長だけが、「決断」をできる特殊な人であるとは決して思っていません。平社長も、お子さんたちに会社の経営を承継させたいという思いや、自分の育て上げた平鍛造の経営や鍛造を続けたいという思いを、人一倍強く持っていらっしゃいました。断腸の思いでの「決断」であったろうと思います。

事業の親子間における承継においては、親において、子どもに対する甘さや期待の高さから、あるいは客観的な見方に曇りが生じ、会社のために、子どもさんに承継させないという「決断」をすることは、非常に難しいのではないかと思います。このような「決断」がなされず、あるいは、遅れてしまい、会社の経営が傾きつつあるというような事例を目にすることもあります。

この本が、そのような苦しい「決断」に直面している方々にとって、一助になればと思います。

余談ですが、批判ばかりが溢れかえっている世の中の風潮に、私は、憂いを覚えています。批判を恐れ、必要な「決断」がなされないのではないかと。最近は、ハラスメント系の用語が流行っており、心の問題を大切にしようという流れですが、「決断」する立場の人も、どのような批判にも耐えうる強心臓の持ち主ではなく、普通の人と同様な心を持っているものと思います。普通の人と同じような心を持ちながら、批判に対する恐れを乗り越えて、「決断」しているものと思いますし、勇気ある「決断」には敬意を表したいと思います。「決断」に対し、敬意を表する風潮がもっと広がればと思います。

日本は、今後、ますます難解な「決断」を迫られるものと思います。にもかかわらず、これからそのような「決断」を担っていかなければならない若者が育っているのでしょうか。あるいは、重い「決断」を担うべき立場が、若者たちにとって魅力的なものに映らず、そのような立場を避けようとしていないか、大変心配です。

平社長の「決断」には、心より敬意を表したいと思います。

［著者］

平 美都江（たいら・みとえ）

株式会社インプルーブメンツ　代表取締役社長。1956年東京都大田区生まれ。1977年、父が設立した平鍛造株式会社に入社後、1990年、専務取締役就任。宅地建物取引士、CFP、一級ファイナンシャル・プランニング技能士などの資格を次々と取得。父の天才的な技術で製造される超大型鍛造リングにより、他の追随を許さない企業として急成長を遂げる。社長であった弟が工場内事故で他界、型破りな父による強引な客先交渉が裏目に出て、その後のリーマン・ショックによる景気悪化などにより受注量が激減。2009年に廃業する事態に。会社存続の危機に追い込まれる中、代表取締役社長に就任し、営業を再開。数々の経営の合理化を進め、数年で業績を回復させる。2018年大手上場会社へ株式を90％譲渡するが、2021年6月まで代表を務める。その後、株式会社インプルーブメンツを設立し、代表取締役に就任。現在、経営コンサルタントとして、講演、セミナーなど幅広く活動中。著書に、『なぜ、おばちゃん社長は価値ゼロの会社を100億円で売却できたのか―父が廃業した会社を引き継ぎ、受注ゼロからの奇跡の大逆転』、『なぜ、おばちゃん社長は「絶対安全」で利益爆発の儲かる工場にできたのか？』、『なぜ、おばちゃん社長は「無間改善」で利益爆発の儲かる工場にできたのか？』（すべてダイヤモンド社）などがある。

●㈱インプルーブメンツ
taira@taira-improvements.com

●YouTubeチャンネル
『平　100億円の結果を出した経営ノウハウ』

［監修］

長原 悟（ながはら・さとる）

弁護士（金沢弁護士会）

2000年～	弁護士登録（金沢弁護士会所属）
2009年～2021年	平鍛造㈱　監査役
2016年～	株式会社アイ・オー・データ機器　社外監査役
2019年～	長原法律事務所開設
2020年～	金沢信用金庫　員外監事

なぜ、おばちゃん社長は連続的に勃発する
地獄のような事件から生き残れたのか？
これ1冊でもめない損しない相続・事業承継

2023年3月14日　第1刷発行

著　者——平　美都江
発行所——ダイヤモンド社
〒150-8409　東京都渋谷区神宮前6-12-17
https://www.diamond.co.jp/
電話／03･5778･7235（編集）　03･5778･7240（販売）
監修————長原 悟
装丁————有限会社北路社
執筆協力——山本明文
編集協力——古村龍也（Cre-Sea）
製作進行——ダイヤモンド・グラフィック社
印刷————八光印刷（本文）・加藤文明社（カバー）
製本————川島製本所
編集担当——今給黎健一

ISBN 978-4-478-11745-3